高手
运营法则

企业稳健成长与个人财富守护的双重策略

甄 艳 ◎ 著

中国铁道出版社有限公司
CHINA RAILWAY PUBLISHING HOUSE CO., LTD.

图书在版编目（CIP）数据

高手运营法则：企业稳健成长与个人财富守护的双重策略 / 甄艳著 . -- 北京：中国铁道出版社有限公司，2025.6. -- ISBN 978-7-113-32265-6

I . F272.3

中国国家版本馆 CIP 数据核字第 2025P3M179 号

书　　名：高手运营法则——企业稳健成长与个人财富守护的双重策略
GAOSHOU YUNYING FAZE: QIYE WENJIAN CHENGZHANG YU GEREN CAIFU SHOUHU DE SHUANGCHONG CELÜE

作　　者：甄艳

责任编辑：杨　旭　　编辑部电话：(010) 51873274　　电子邮箱：823401342@qq.com
封面设计：宿　萌
责任校对：苗　丹
责任印制：赵星辰

出版发行：中国铁道出版社有限公司（100054，北京市西城区右安门西街 8 号）
网　　址：https://www.tdpress.com
印　　刷：北京联兴盛业印刷股份有限公司
版　　次：2025 年 6 月第 1 版　2025 年 6 月第 1 次印刷
开　　本：710 mm×1 000 mm　1/16　印张：12.5　字数：171 千
书　　号：ISBN 978-7-113-32265-6
定　　价：58.00 元

版权所有　侵权必究

凡购买铁道版图书，如有印制质量问题，请与本社读者服务部联系调换。电话：(010) 51873174
打击盗版举报电话：(010) 63549461

前　言

在当今瞬息万变的经济环境中，企业面临着越来越多的合规挑战。全球化、数字化及日益完善的法规体系使得合规管理成为企业可持续发展的关键要素。作为一名长期从事财税咨询的专业人士，我深刻体会到合规不仅是遵循法律法规，更是一种前瞻性的管理策略，是企业在激烈市场竞争中脱颖而出的"隐形盾牌"。

本书的写作初衷正是希望能为企业管理者提供一套全面、系统的合规管理理念与实践指导。书中不仅反映了当前企业在合规管理方面的困境与挑战，更强调了创新思维和灵活应变的重要性。面对多变的市场与政策环境，企业唯有不断升级其合规管理体系，才能在激烈的竞争中保持优势，实现可持续发展。

第一章探讨国家经济发展的新趋势，分析全球经济格局下我国的角色，以及国家政策与经济发展的紧密关系。当前，我国正处于产业升级与转型的关键阶段，新的经济增长点和新兴行业不断涌现。只有把握这些发展趋势，企业才能为自己的合规管理制定出合适的战略。

第二章深入剖析税务制度的演变及其对企业运营的影响。税务改革不仅关乎企业的财务健康，也是企业合规管理的核心内容之一。通过对国内外税务政策的对比，我们将为企业提供重要的启示，以便在复杂的税务环境中稳步前行。

第三章揭示企业在经营过程中面临的主要风险类型，强调风险管理的重要性与挑战。在不确定性日益加剧的商业环境中，识别和防控风险显得尤为重要。本章还将通过失败案例给予警示，提醒企业务必重视风险管理，建立健全的风险防控体系，以规避潜在的损失。

第四章详细阐述合规的概念及重要性。合规不仅是法律要求，更是企业实现可持续发展的基石。企业文化的建设与合规投资回报的分析，将帮助企业理解合规在长期发展中的价值。

第五章探索企业合规的多元化内容，包括法律、财务、税务及环境、社会与治理（ESG）合规。随着社会责任感的增强，企业在追求利润的同时，还需承担相应的社会责任，这对合规管理提出了更高的要求。

第六章为读者提供构建高效的企业合规管理体系的实用指南。从合规管理架构的设计原则，到合规制度与流程的制定与执行，再到合规培训与文化的渗透，全面系统的合规管理体系将帮助企业更好地应对复杂的合规环境。

第七章个人资产保全与智慧配置将成为我们关注的重点。随着经济的发展和财富的积累，个人财富管理的重要性日益突出。本章将探讨个人财富管理的基本策略，以及如何有效配置资产以实现财富的稳健增值。

第八章分析数字化转型对合规的影响，以及大数据与人工智能（以下简称 AI）在合规管理中的应用。如何在数字化时代建立起健全的合规管理体系，将是企业必须面对的新课题。

第九章展望企业合规的新机遇与挑战。在全球经济一体化的背景下，企业必须适应新的合规要求，同时利用技术创新推动合规管理的变革。可持续发展目标的实现，将成为企业合规的新责任，而企业家精神与合规管理的深度融合，将是推动企业不断进步的重要动力。

希望本书能够为广大企业管理者提供有益的借鉴与启示，帮助他们在合规管理的道路上不断创新与升级，迎接未来的挑战与机遇。在此，我衷心感谢所有为本书提供支持与帮助的人，正是你们的鼓励与建议，才使这部作品得以顺利完成。愿本书能成为每一位企业家和管理者在合规之路上的得力助手，助力他们在复杂的市场环境中稳步前行。

甄 艳

2025 年 2 月

目　录

第一章　国家经济发展新趋势 / 1
　　第一节　全球经济格局下的中国角色 / 1
　　第二节　宏观视角：国家政策与经济发展的关系 / 8
　　第三节　产业升级与转型的驱动力 / 14
　　第四节　未来经济展望：新兴行业与增长点 / 20

第二章　税务制度的演变与影响 / 26
　　第一节　税务制度的起源与基本框架 / 26
　　第二节　国内外税务政策对比与启示 / 30
　　第三节　税务改革对企业运营的影响 / 34

第三章　企业风险的迷雾与陷阱 / 40
　　第一节　识别企业面临的主要风险类型 / 40
　　第二节　风险管理的重要性与挑战 / 48
　　第三节　风险防控体系的建立与完善 / 52

第四章　合规：企业的隐形盾牌 / 58
　　第一节　合规概念的解读与重要性 / 58
　　第二节　合规与企业可持续发展的关系 / 61
　　第三节　合规文化：从理念到行动的转变 / 68
　　第四节　合规投资回报分析：短期与长远的视角 / 72

第五章　企业合规的多元化内容 / 78

第一节　法律合规：法律法规的遵循与解读 / 78

第二节　财务合规：财务管理与审计的规范化 / 83

第三节　税务合规：税务合规与纳税义务的履行 / 91

第四节　环境、社会与治理合规：企业的社会责任担当 / 94

第六章　构建高效的企业合规管理体系 / 101

第一节　合规管理架构的设计原则 / 101

第二节　合规制度与流程的制定与执行 / 106

第三节　合规培训与文化的渗透 / 114

第四节　合规监测与持续改进机制 / 118

第七章　个人资产保全与智慧配置 / 127

第一节　个人财富管理与资产保全的重要性 / 127

第二节　资产配置的基本策略与原则 / 135

第三节　风险分散与投资组合优化 / 144

第四节　最新金融工具与资产管理技术的应用 / 150

第八章　数字化浪潮下的企业合规转型 / 155

第一节　数字化转型对企业合规的影响 / 155

第二节　大数据、AI在合规管理中的应用 / 162

第三节　数字化合规平台的建设与管理 / 164

第四节　应对网络安全与数据保护的新挑战 / 171

第九章　企业合规的新机遇与挑战 / 175

第一节　全球经济一体化的新趋势与合规要求 / 175

第二节　技术创新对合规管理的推动与变革 / 179

第三节　可持续发展目标下的合规新责任 / 185

第四节　企业家精神与合规文化的深度融合 / 188

第一章　国家经济发展新趋势

全球化的深入发展和技术革命的持续推动，使世界经济格局发生了深刻变革。在这样的背景下，中国作为世界经济增长的主要引擎，正在积极重塑自己的角色。本章将从全球经济的视角切入，分析中国如何在国际竞争与合作中扮演关键角色，包括"一带一路"倡议、全球产业链调整等对中国经济的影响。紧接着，将通过宏观视角解读国家政策与经济发展的关系，探讨宏观调控在推动经济增长、稳定市场秩序中的作用，以及如何引导资源优化配置和创新驱动发展。此外，产业升级和转型作为经济高质量发展的核心驱动力，也将在本章中被深入剖析。通过案例分析和数据支撑，展示中国如何在制造业转型、新能源开发及数字经济领域持续发力，寻找新增长点。最后，将展望未来经济发展趋势，重点探讨新兴行业，例如 AI、清洁能源、生物科技等领域的潜力，为企业和个人应对未来经济环境变化提供建议和策略。

第一节　全球经济格局下的中国角色

现如今，中国在全球经济舞台上的表现已经引起了广泛关注，尤其是在面对国际贸易战时，中国的表现令人瞩目。以华为技术有限公司（以下简称华为）为例，作为全球领先的通信设备供应商，华为在面临诸多不利环境的情况下，通过自身的科技实力和灵活的应对策略，不仅稳住了市场，还在 5G 技术领域实现了全球领先。这一系列的行动凸显了中国企业在全球经济中适应变化、逆势突围的能力。

然而，并非所有的企业都能如此成功应对挑战。例如，一些曾风靡一时的国内企业，在面对国际市场变化时却显得力不从心。小X车便是一个典型的案例。小X车曾以共享单车的模式迅速崛起，并迅速扩展到海外市场。然而，由于海外市场规则不同，小X车在管理、资金、合规等多方面出现了问题，最终导致了大规模的市场退出。

华为和小X车的不同命运，凸显了中国企业在全球经济格局下，不仅要有创新和发展能力，更要具备灵活应对外部挑战的能力。那么，作为全球经济中的重要参与者，中国该如何通过自身优势在变局中找到机会呢？

全球经济的格局在不断演变，伴随着科技进步、政治变化和市场需求的变迁，各国的经济关系也随之调整。面对复杂多变的国际环境，中国不仅要应对诸多挑战，更要抓住转型升级带来的机会。以下将从四个方面探讨中国在全球经济格局中的角色，如图1-1所示。

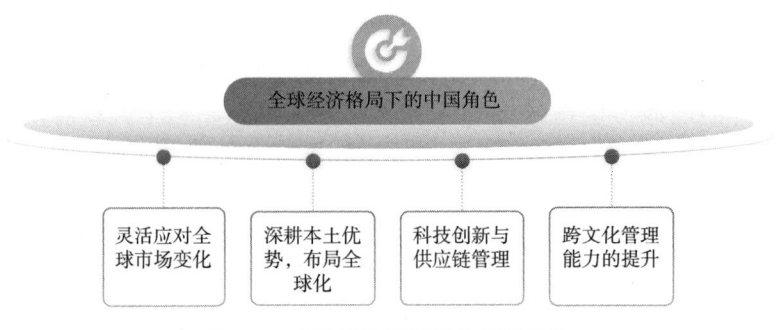

图1-1 全球经济格局下的中国角色

1.灵活应对全球市场变化

在全球市场中，灵活应对全球变化是中国企业生存与发展的关键。随着国际贸易形势的复杂化，中国企业不仅要关注自身的技术和产品优势，还必须密切关注不同国家和地区的政策变化。这不仅是对企业自身应变能力的考验，也是对其战略规划的挑战。

为了应对这种不确定性，中国企业需要在战略上作出调整。一方面，企业应当加强与政府的沟通，及时了解和应对国际贸易政策的变化；另一方面，企业也可以通过多元化市场布局来降低单一市场风险。例如，一些企业可以通过拓展东南亚、非洲等新兴市场，分散风险并寻找新的增长点。此外，加强与海外市场的合作，通过合资、并购等方式进入新的市场，也是应对全球市场变化的重要策略。

2. 深耕本土优势，布局全球化

中国拥有全球规模较大、增长较快的消费市场，这为本土企业提供了坚实的基础。在面对国际竞争时，企业应充分利用这一优势，打造自身的核心竞争力。例如，阿里巴巴通过深耕电商平台，实现了在国内市场的稳步增长。这一成功不仅为其全球化扩展提供了资金支持，也为其积累了丰富的市场经验。

在布局全球化时，中国企业需要结合国内市场的需求与国际市场的趋势，以实现从国内到国际的有效转型。通过不断提升产品质量和服务水平，增强品牌影响力，使中国企业可以更好地在全球市场上占据一席之地。此外，积极参与"一带一路"倡议等国际合作项目，也是中国企业拓展全球市场的重要途径之一。

3. 科技创新与供应链管理

在全球竞争中，科技创新和供应链管理是企业能否立足的重要因素。随着技术的快速发展，拥有强大研发能力的企业将在市场竞争中占据优势。华为作为中国科技企业的代表，通过持续的研发投入和对供应链的精细化管理，保持了在全球科技领域的领先地位。其成功的经验表明，创新不仅体现在产品上，更在于对整体运营模式的升级。

中国企业在进行科技创新时，应关注核心技术的突破，同时也要在创新思维上进行变革。例如，利用大数据和 AI 提升生产效率，通过数字化转型降低成本和风险。此外，优化供应链管理、增强供应链的灵活性与抗风险能力，也是提升企业竞争力的重要环节。只有在这两个方面不断投入与升级，中国企业才能在全球经济格局中稳固其地位。

4. 跨文化管理能力的提升

在全球化背景下，跨文化管理能力的提升对于中国企业走向国际市场至关重要。不同国家和地区有着各自的文化背景、商业习惯和法律法规，企业必须深入理解并适应这些差异，以避免因文化冲突而导致的市场损失。

为了提升跨文化管理能力，中国企业需要加大对国际市场的研究力度，培养具有国际视野的人才。在企业内部，应该加强跨文化培训，使员工了解不同文化的价值观与行为规范，增强沟通与合作的能力。此外，企业还可以通过与当地企业合作，共同探索市场，以更好地适应和融入当地文化，建立良好的品牌形象。

> **案例链接**
>
> **B 电商巨头如何在全球经济格局变化中灵活应对挑战并寻找发展机遇**
>
> 在全球经济日趋复杂的背景下，我国企业正在探索全球化新道路。B 电商巨头作为我国电商领域的领军企业之一，长期致力于全球市场的拓展和多元化发展。随着全球贸易政策的调整及各国监管环境的日趋严格，B 电商巨头面临诸多挑战。然而，通过多元化布局、强化合规管理及创新技术运用等措施，B 电商巨头展示了在全球经济格局下的我国企业如何应对不确定性，实现全球竞争中的可持续发展。

一、背景：全球经济环境与企业发展态势

自2018年国际经贸关系变化以来，全球经济格局发生了显著变化。关税调整、市场准入规则变动及供应链结构的转变都给我国企业带来了冲击，尤其是一些活跃于国际市场的科技和电商企业更是面临合规与创新的双重压力。与此同时，各国对于数据隐私、消费者权益和知识产权的保护日益严格，全球化电商平台面临的跨国合规要求不断提高。

B电商巨头自2009年开始实施国际化战略，并逐步将业务拓展到东南亚、欧洲、美洲等。面对贸易政策的不确定性和各国监管的日趋严格，B电商巨头逐步调整其全球化布局，采取了一系列灵活的应对措施，为企业未来发展奠定了坚实的基础。

二、应对措施：多元化战略布局与风险管理

1. 区域化与本地化运营

为了在国际市场中保持竞争力并降低外部风险带来的影响，B电商巨头加速了在东南亚、欧洲等地的区域化和本地化布局。

公司在东南亚市场设立了多个本地化服务平台，为东南亚用户提供符合当地市场需求的产品和服务。此外，公司还在泰国、印度尼西亚等国家建立了物流和数据中心，以支持本地业务的快速响应。

为增强在欧洲市场的影响力，公司采取了品牌本地化策略，并积极与当地的知名品牌和零售商合作。

2. 增强合规管理能力

为应对各国日益严格的监管政策，B电商巨头加大了合规管理投入，设立跨国合规团队，确保业务活动符合各地的法规要求。公司通过建立数据隐私保护制度，保障用户信息的安全，同时遵守欧洲联盟的《通用数据保护条例》（简称GDPR）等法规，并引入智能化合规系统，实时监控和预警合规风险。

此外，B电商巨头还在美国市场主动提高了对供应商和物流的监管，确保产品质量符合当地标准，并增加对环保合规的投入，确保跨国业务的合规性。数据显示，这些合规管理的加强，使公司减少了约200万美元的潜在罚款，并提升了消费者信任度。

三、创新驱动：技术赋能与数字化转型

1. 数字化供应链与智慧物流

为了更好地应对国际市场的复杂物流需求，B电商巨头大力投入数字化供应链的建设。通过运用AI和大数据，公司实现了智能仓储和实时追踪，确保在跨境物流的各个环节提升效率并降低成本。数据显示，自引入智能化物流系统以来，公司跨境运输时间缩短了20%，物流成本降低了15%，为用户带来更好的购物体验。

B电商巨头在国内还建立了覆盖全球的物流枢纽和海外仓，通过提前部署库存，降低因贸易限制等因素带来的不确定性影响。2021年，公司在全球的仓储面积已达到500万平方米，涵盖了亚洲、欧洲和南美洲的核心市场，具备快速响应全球订单的能力。

2. 数据驱动的消费者洞察

B电商巨头利用大数据分析深入了解不同市场消费者的需求和偏好，为不同区域市场定制个性化的产品和服务。通过分析全球用户的购买习惯，公司推出了符合各地用户需求的商品组合和定制服务，增加了品牌黏性。例如，通过分析欧洲市场用户对环保产品的偏好，B电商巨头在欧洲推出了多个环保产品系列，进一步巩固了其在环保市场的影响力。

数据显示，公司在东南亚市场推出的本地化定制商品的销售额增长了40%以上，而在环保产品系列中，年销售额增长了50%。这种数据驱动的消费者洞察不仅帮助公司在各市场取得了成功，还推动了品牌的国际化。

四、成效：在全球市场中的竞争力提升

1. 国际市场份额的持续扩大

凭借多元化布局与本地化运营策略，B电商巨头在东南亚、欧洲和南美洲市场的用户数量和销售额持续增长。B电商巨头的多元化布局策略，使其能够有效分散风险，不仅在国内市场表现优异，在全球范围内也取得了显著的市场份额。

2. 财务表现的稳步增长

得益于全球化布局和风险管理策略的成功实施，B电商巨头的财务表现不断提升。此外，通过合规管理的加强和数字化技术的赋能，公司在多个市场的运营成本显著降低，盈利能力持续增强。

五、案例启示：全球经济格局下的我国企业应对策略

在全球经济格局不断变化的背景下，我国企业要实现可持续的全球化发展，需要在市场布局、合规管理和技术创新等方面采取灵活且有效的策略。B电商巨头的案例揭示了以下几点关键

经验：

1. 多元化布局与本地化运营

面对市场的不确定性，通过在多元化市场的布局和深耕本地化运营，我国企业能够有效分散风险。B 电商巨头在东南亚和欧洲等市场的本地化策略成功表明，品牌深度融入和适应当地需求有助于提升市场竞争力。

2. 加强合规管理以提升信任度

合规管理不仅是进入国际市场的准入门槛，也是企业提升品牌声誉的重要途径。B 电商巨头通过严格的合规体系，增强了当地政府和消费者对品牌的信任，降低了合规风险，为未来全球化业务的拓展创造了良好环境。

3. 利用技术创新提升效率和用户体验

数字化供应链和数据驱动的消费者洞察是全球电商竞争中的重要利器。B 电商巨头在技术创新方面的持续投入，不仅提高了物流效率，也加深了对消费者的理解，为用户提供了更优质的服务。

第二节　宏观视角：国家政策与经济发展的关系

近年来，国家政策对企业发展的影响愈加显著。以新能源汽车行业为例，国家对新能源产业的扶持政策大幅度推动了中国汽车制造业的转型升级。比亚迪作为这一领域的领军企业，得益于国家政策的大力支持和企业自身的创新能力，成功实现了从传统燃油车到新能源车的战略转型。2020 年以来，比亚迪在新能源车领域的销售额一路攀升，成功打入了国际市场，成为全球最著名的新能源汽车制造商之一。

然而，有些企业在国家政策的变化中并没有抓住机遇。中国的共享经济曾一度蓬勃发展，但随着行业监管政策的逐渐加强，许多共享经济企业难以应对政策要求而陷入困境。

比亚迪的成功，清楚地表明了国家政策对企业命运的影响力。那么，在宏观政策不断调整的背景下，企业该如何灵活应对，利用政策实现增长？

在宏观经济层面，国家政策对企业的影响是深远而复杂的，如图1-2所示，既有支持也有挑战。政策的变化往往直接决定着行业的兴衰，而企业能否顺势而为，关键在于其对政策的敏锐度和应变能力。对于中国这样一个快速发展的经济体，国家政策不仅影响着企业的经营环境，也直接关系到行业的整体发展方向。因此，理解和适应这些政策变动，是企业在竞争中立于不败之地的基础。

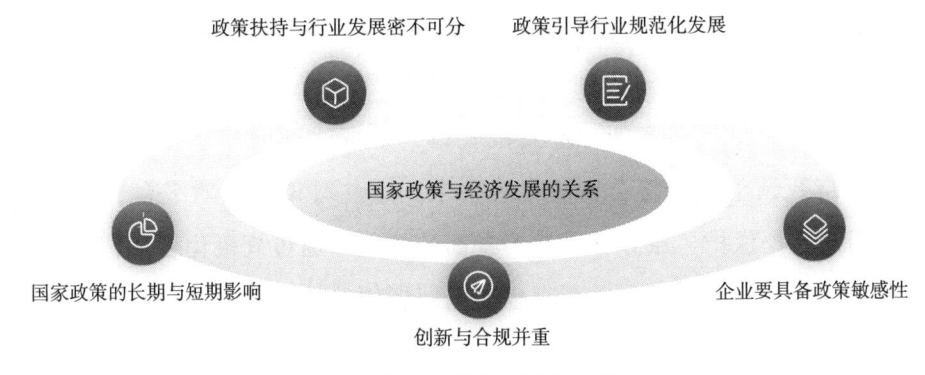

图 1-2　国家政策与经济发展关系

1.政策扶持与行业发展密不可分

国家政策的扶持是推动某些行业快速发展的重要驱动力。以新能源汽车行业为例，其崛起离不开国家在补贴、税收减免、技术研发支持等方面的政策推动。随着环保意识的提高，政府认识到传统燃油汽车对环境的影响，因此出台了一系列扶持政策，以鼓励消费者购买新能源汽车。

这些政策不仅为行业提供了资金支持，还为企业开辟了更广阔的市场空间。比如，国家对电动汽车的购置补贴、充电设施建设的支持等，都有效地促进了新能源汽车的销售和普及。此外，政府还设立了专门的研发基金，鼓励企业在电池技术、充电技术等方面进行创新，从而提升整个行业的技术水平。

在这一过程中，企业若能积极响应政策，抓住政策红利，将能在激烈的市场竞争中占得先机。与此同时，那些未能紧跟政策步伐的企业，可能会面临生存危机。因此，企业需要密切关注政策变化，及时调整发展战略，确保能够在政策的扶持下，实现快速发展。

2.政策引导行业规范化发展

除了扶持政策，国家在特定行业中的监管和标准化政策同样不可忽视。像共享经济这样的新兴行业，初期往往处于"野蛮生长"阶段，市场参与者众多，缺乏有效的管理与规范。这一阶段，虽然企业可以快速扩张，但也容易出现服务质量低下、市场乱象等问题。

随着国家出台一系列行业规范政策，市场逐渐回归理性，企业也需要进行自我调整，以符合新的合规要求。这些政策包括对平台运营的监管、用户数据保护、服务标准化等方面的规定。通过规范化管理，政府不仅提升了行业的整体服务质量，也为消费者创造了更加安全、便利的消费环境。

然而，企业在适应这些规范的同时，也面临着成本增加和市场准入门槛提升的挑战。对于那些未能及时调整的企业，可能会因为合规问题而遭遇处罚，甚至退出市场。因此，企业应当主动适应政策变化，提升自身的合规能力，以确保在政策引导下实现可持续发展。

3.企业要具备政策敏感性

成功的企业往往能够在政策变化前嗅到机会。比亚迪便是一个典型的例子。该企业敏锐捕捉到了国家对环保与新能源的重视，提前布局，抢占了行业先机。通过在技术研发、市场营销等方面的前瞻性布局，比亚迪不仅在国内市场上取得了显著成绩，还成功拓展了国际市场。

相比之下，那些未能及时跟进政策导向的企业，可能会因此失去市场份额。例如，一些传统汽车制造商未能及时转型，依然专注于燃油车的生产，结果在新能源汽车浪潮中被逐步淘汰。因此，企业要建立健全的信息收集与分析机制，密切关注政策动向，确保能够快速响应市场变化，抓住发展机遇。

4. 创新与合规并重

在享受政策红利的同时，企业还要确保合规运营。政策扶持与企业创新之间并不是对立的关系，合规运营能够帮助企业在风口浪尖中稳步前行。

因此，企业在追求创新的同时，要将合规作为发展的底线。建立合规管理体系，加强对政策法规的学习与培训，提高员工的合规意识，是确保企业在快速变化的市场环境中生存和发展的重要保障。同时，合规的运营也能增强消费者的信任，提升企业的品牌形象，为未来的可持续发展打下坚实基础。

5. 国家政策的长期与短期影响

国家政策的影响往往分为短期与长期两个方面。短期来看，企业可能通过政策支持获得快速增长。例如，企业在政策的扶持下，可以迅速扩大市场份额，增加销售收入，提升盈利能力。这种短期效益吸引了大量企业投入到政策支持的行业中。

然而，长期来看，企业还需要不断创新并适应政策变化，才能在全球市场中占据一席之地。随着市场环境的变化，政策也在不断调整，企业不能仅依赖短期的政策红利，而是应将目光放长远，制定长远发展战略。例如，企业可以通过加强研发、提升产品质量、扩展国际市场等方式，增强自身的核心竞争力，以适应未来的市场变化。

此外，国家政策的长期影响还体现在对行业整体发展的引导作用上。通过制定长期的发展规划和战略目标，政府能够引导行业健康、可持续地发展。企业在此过程中，既要关注政策的变化，也要主动参与到政策的制定与反馈中，为行业的规范发展贡献力量。

> **案例链接**
>
> ### 国家政策与经济发展的关系
> ### ——以B车企在新能源汽车政策下的崛起为例
>
> 在国家政策与经济发展的紧密交织中，新能源汽车产业无疑是一个令人瞩目的焦点。近年来，全球范围内对环保与可持续发展的呼声愈发高涨，中国政府积极响应，大力推动新能源汽车产业的发展，并为此出台了一系列扶持政策。这些政策不仅为新能源汽车企业开辟了广阔的市场空间，更促进了技术的革新与产业的升级，为行业的蓬勃发展注入了强劲动力。
>
> 2022年，B车企作为新能源汽车政策的积极践行者和受益者，敏锐地捕捉到了这一历史性的机遇。在这一年里，B车企积极布局电动车生产，依托在电池、电机、电控等核心技术领域的深厚积淀，以及在新能源汽车全产业链上的卓越整合能力，迅速崛起为新能源领域的佼佼者。
>
> B车企的成功，可以归结为以下几个关键要素：
>
> 第一，政策的扶持为B车企的发展提供了坚实的后盾。国家政策对新能源汽车产业的高质量发展给予了持续的支持，如新能源汽车购置税减免政策的延长，对产业发展和消费扩大产生了显著的推动作用。同时，国家还积极开展新能源汽车下乡活动，支

持企业开发更多适应性强、符合市场需求的车型，进一步释放了农村地区的消费潜力。

第二，技术的创新是 B 车企保持领先地位的核心竞争力。B 车企在电池技术、动力系统等关键领域不断研发投入，取得了显著的成果。其刀片电池、DM-i 超级混动和 e 平台 3.0 等技术，不仅提升了产品的性能和市场竞争力，更使 B 车企在激烈的市场竞争中保持了领先地位。

第三，市场的旺盛需求为 B 车企的发展提供了广阔的空间。随着全球对环保和可持续发展的日益重视，新能源汽车逐渐成为产业发展的核心方向。B 车企凭借在新能源汽车领域的全面布局和丰富产品线，满足了市场对多样化、高品质产品的需求，进一步巩固了其市场地位。

此外，品牌的塑造也是 B 车企成功的重要因素之一。作为中国新能源汽车的领军品牌，B 车企通过持续的品牌建设和市场营销策略，赢得了消费者的信任与市场的广泛认可，成为行业内的重要标杆。

同时，供应链的管理也是 B 车企的一大优势。B 车企在供应链管理方面实现了高度的垂直整合，绝大多数零部件均能够自主供应。这一做法不仅降低了成本，还提高了快速响应市场需求的能力，增强了其竞争优势。

最后，财务的稳健表现为 B 车企的持续发展提供了有力保障。2024 年，B 车企实现了营业收入约 54 240.61 亿元，同比增长 96.2%；归母净利润约 266.22 亿元，同比增长 445.86%。这一系列数据充分展示了 B 车企强劲的财务实力和盈利能力，为企业的长远发展奠定了坚实的基础。

> B车企的成功不仅彰显了自身的努力和创新能力，更体现了国家政策对企业发展的重要推动作用。在复杂多变的经济环境中，B车企凭借敏锐的市场洞察力和灵活的应对策略，成功抓住了机遇并应对了挑战，为中国新能源汽车产业的发展树立了一个典范。

第三节 产业升级与转型的驱动力

近年来，全球经济经历了多次波动，尤其是在2020年左右，众多行业遭受了严峻考验。然而，在此背景下，一些企业凭借敏锐的应变能力和坚实的内部控制体系，实现了逆流而上。

以某新兴科技企业为例，在2020年年初，该企业迅速调整战略方向，将重心转向数字化解决方案，特别是远程办公工具和智能物联网服务。尽管面临供应链中断和线下需求萎缩的挑战，该企业凭借其先进的数字技术平台和创新的在线服务模式，保持了稳健的业务增长。2021年，其智能物联网解决方案业务取得了显著进展，成为国内该领域的佼佼者。该企业的成功，归功于其构建的完善数字化生态系统和灵活的战略转型能力，彰显了企业在经济动荡中的强大适应力。

然而，并非所有企业都能在困境中崭露头角。某知名连锁品牌在2020年因曝出财务数据造假事件，导致市值大幅缩水，企业信誉严重受损。尽管该企业也尝试通过多种方式稳固市场地位，但由于内部管控不力、财务管理混乱，最终在资本市场的竞争中败下阵来，成为企业风险管理失败的典型案例。

这两家企业的不同境遇，深刻揭示了企业在面对经济波动时，建立健全内部控制机制的重要性。在瞬息万变的经济环境中，企业究竟该如何未雨绸缪，通过强化内控和管理机制来保障自身的持续稳健发展呢？

在全球经济形势复杂多变的背景下，产业升级与转型成为企业保持竞争力和可持续发展的必然选择，如图1-3所示。无论是应对全球市场的挑战，还是跟上技术创新的步伐，企业都需要不断调整自身的业务模式和产业结构。产业升级不仅仅是提高产品质量和优化管理的过程，更是通过技术和管理创新，推动企业进入高附加值领域，实现长远发展的关键路径。

图1-3 产业升级与转型的驱动力

1. 提高抗风险能力

企业在产业升级过程中，面对的不仅是市场竞争的压力，还有经济波动带来的不确定性。在这种背景下，企业必须具备较强的抗风险能力，才能在外部环境发生变化时，保持稳定运营。这不仅要求企业在财务上有足够的准备，也要求其具备强大的内部管理和资源调度能力。

某些成功的企业通过构建灵活的经营模式，在面对市场需求变化时能够迅速反应。例如，数字化转型企业通过搭建数字平台，使得信息流通更加顺畅，能够快速适应市场需求变化。这种能力不仅帮助企业在短期内抵御经济波动，也为长期发展提供了坚实的保障。

对于中小企业来说，增强抗风险能力还需加强内部控制与风险管理。通过优化供应链管理、加强资金流的控制、合理配置资源，企业能够提高在经济波动中的韧性，从而在产业升级过程中保持竞争力。

2. 数据驱动决策

在产业升级的过程中，数据正逐渐成为企业的核心资产。通过对市场数据、客户行为数据和行业趋势数据的分析，企业能够更好地理解市场变化，优化业务决策，进而推动业务的升级与转型。

例如，一些零售企业通过对消费者数据的深入分析，能够迅速发现消费者偏好的转变，及时调整产品线和营销策略。这种数据驱动的决策模式，不仅提高了企业的市场反应速度，还增强了企业在市场竞争中的优势。

对于任何一家处于转型中的企业来说，建立一套完善的数据收集和分析系统尤为重要。通过数据的精准分析，企业不仅能实时监测市场变化，还能准确预判未来的市场趋势，从而为企业的长远规划提供支持。

3. 强化企业内控机制

内控机制的健全与否，是企业在产业升级过程中能否成功的关键因素之一。尤其是财务管理、风险控制、供应链管理等方面的内部机制，直接决定了企业的稳健运营和抗风险能力。

企业在转型升级的过程中，往往会面临资金流紧张、供应链复杂化等问题，如果没有强大的内控机制支持，企业将难以维持正常的运营。例如，一些企业在快速扩张过程中，因未能建立健全的财务管理体系，导致资金流动不畅，最终陷入困境。相反，内控机制稳健的企业，能够通过严格的资金管理、透明的财务操作，在快速扩张过程中保持良好的运营状态。

因此，企业在实施产业升级战略时，应特别关注内部控制机制的建设。包括对财务、供应链、生产和销售各环节进行全面的审计和管理，确保所有运营流程都能有效管控风险，从而为企业转型奠定稳固的基础。

4. 灵活调整业务模式

经济形势的变化往往伴随着市场需求的转变，企业需要具备灵活调整业务模式的能力，以快速应对外部环境的变化。在产业升级过程中，企业如果能够及时调整业务结构，将资源转向高附加值的领域，便能抓住新的发展机遇。

例如，某些传统制造业企业在面临全球化竞争时，意识到仅依靠成本优势已无法维持长期的竞争力，于是迅速转型为智能制造或服务型企业。这一转型不仅帮助企业摆脱了传统制造业的低利润困境，也为企业开辟了新的收入来源。

灵活的业务模式调整不仅能帮助企业在困境中找到新的出路，还能推动企业向高附加值行业迈进。例如，数字化转型、拓展线上业务渠道、开发创新产品等策略，均可提升企业的市场适应性和竞争力。

5.保持创新与长远发展视角

创新是产业升级的核心驱动力，企业只有不断创新，才能在竞争激烈的市场中保持活力并实现持续发展。在产业升级的过程中，企业需要通过技术、产品、管理等多方面的创新来保持竞争优势。

例如，一些科技公司在进行技术创新的同时，还通过管理创新，提升了企业内部的运作效率，从而推动了整体产业升级的进程。对于企业来说，保持创新驱动力不仅有助于提升产品的市场竞争力，还能帮助企业在行业技术标准的制定中占据主导地位。

保持创新的关键在于企业是否能够持续投入资源用于研发，并将创新作为企业文化的一部分。这意味着企业不仅需要建立创新激励机制，鼓励员工提出新想法，还要持续关注市场的新兴技术，及时跟进并实施。

6.政策支持与市场导向

在推动产业升级的过程中，国家政策往往起到至关重要的作用。国家通过税收优惠、补贴、融资支持等多种方式，为企业的产业升级提供了强有力的外部资源支持。例如，某些行业在国家政策的扶持下，得以迅速崛起并实现产业结构的优化升级。

然而,企业在享受政策红利的同时,仍须以市场需求为导向。政策支持虽然能在短期内为企业带来发展机会,但从长远来看,市场的需求才是企业能否持续发展的关键。因此,企业应在政策支持的基础上,敏锐捕捉市场需求的变化,通过创新驱动、管理升级等手段,保持市场竞争力。

案例链接

产业升级与转型的驱动力
——以 M 集团为例

在全球经济一体化和科技迅猛发展的背景下,产业升级与转型成了许多企业实现可持续发展的必由之路。中国的制造业,作为经济增长的重要支柱,正面临着转型升级的巨大压力。M 集团作为家电行业的领军企业,以智能制造升级为核心,成功将传统家电行业与物联网技术结合,成为推动产业转型的典范。这一转型不仅符合国家推动制造业高质量发展的战略,也为行业树立了新的标杆。

一、背景概述

随着消费者对家电产品智能化、个性化的需求日益增加,传统家电企业面临着巨大的挑战与机遇。M 集团意识到,如果继续依赖传统的生产方式,势必会被市场淘汰。因此,该集团决定加大对智能制造和物联网技术的投入,以期通过技术创新和产业升级实现企业的可持续发展。

根据统计数据,2024 年,M 集团的销售收入达到 3 600 亿元,同比增长了 20%。这一数字不仅反映了 M 集团在市场中的竞争力,也展示了其在产业升级与转型过程中的成功实践。

二、智能制造升级的实施

为了实现智能制造升级，M集团从多个方面进行了深入的探索与实践。

1. 智能化生产线的建设

M集团在全国范围内建设了多个智能化生产基地，引入了机器人自动化设备和先进的生产管理系统。例如，在其佛山智能制造基地，M集团采用了数百台工业机器人，生产线实现了高度的自动化。公司相关数据显示，智能化生产线的投入使用后，生产效率提高了30%，产品质量合格率达到99.5%。

2. 物联网技术的应用

M集团将物联网技术嵌入到家电产品中，推出了一系列智能家电产品。通过与用户的实时互动，M集团能够收集用户的使用数据和反馈，从而不断优化产品设计和功能。例如，M集团推出的智能冰箱可以根据用户的饮食习惯自动调整温度，甚至提供健康食谱推荐。根据市场调研，智能家电产品的销量在2024年占M集团总销量的45%，显示出消费者对智能化产品的青睐。

3. 数据分析与决策支持

M集团利用大数据技术，对生产过程、市场需求和用户行为进行深度分析，优化生产决策。例如，通过数据分析，M集团能够实时监测各个生产环节的效率，并及时调整生产计划，从而最大化资源利用率。根据内部报告，数据分析的应用使得M集团在库存管理上节省了15%的成本。

三、市场反响与行业影响

M集团的智能制造升级不仅提升了自身的竞争力，也对整个行业产生了积极的影响。首先，M集团的成功经验为其他家电企业提供了参考和借鉴，推动了整个行业的技术进步。许多家电企业纷纷开始探索智能制造的路径，形成了良好的行业生态。

其次，M集团在国际市场上的表现也得到了显著提升。随着智能家电产品的成功推出，M集团在全球市场的份额不断扩大。根据统计数据得知，2024年，M集团的出口额达到300亿元，同比增长了25%。这不仅提升了M集团的品牌影响力，也为中国的制造行业赢得了国际声誉。

四、应对挑战与未来展望

尽管M集团在智能制造升级中取得了显著成效，但在这一过程中也面临着一些挑战。一方面，智能制造的转型需要巨额的资金投入和技术积累，这对企业的财务健康和技术储备提出了更高的要求。另一方面，随着行业竞争的加剧，如何保持技术创新和市场敏锐性成为M集团未来发展的关键。

为了应对这些挑战，M集团制定了清晰的发展战略。首先，该集团将继续加大研发投入，尤其是在核心技术和关键零部件的研发上，以保证产品的竞争力。其次，M集团计划逐步实现所有生产线的智能化改造，提升生产的灵活性和效率。此外，M集团还将加强与高校和研究机构的合作，建立开放的创新平台，推动产业链的协同发展。

第四节　未来经济展望：新兴行业与增长点

完美日记是一个在短短几年内崛起的中国彩妆品牌，依靠精准的市场定位、强大的社交媒体营销和对新兴消费趋势的敏锐把握，成功在竞争激烈的美妆市场中占据了一席之地。这个成立于2017年的品牌，通过与KOL（意见领袖，社交媒体上拥有大量粉丝、在特定领域具有专业知识和影响力的个人）合作、积极进军线上电商平台及推出亲民定价的优质产品，吸引了大量年轻消费者的关注。完美日记的成功证明了新兴行业，如互联网驱动的时尚美妆领域，正在成为经济增长的重要引擎。

与完美日记的稳步增长不同，另一家同样聚焦于电商领域的企业，虽在短时间内迅速扩大了用户基础并对市场造成了不小冲击，却因盲目追求规模扩张与财务管理不当，最终在2019年不得不宣布倒闭。该企业以低价拼团模式为核心，依赖高额补贴吸引用户，但由于缺乏可持续的盈利路径，资金链最终告急，无法维持运营。此案例深刻揭示，在新兴行业蓬勃发展的同时，若忽视财务规划与管理的有效性，即便是潜力巨大的新兴企业，也可能面临严峻挑战。

这两个案例体现了新兴行业的巨大增长潜力，同时也警示企业需要合理规划与管理，以确保其在市场中的长期稳定发展。

新兴行业的崛起为企业带来了前所未有的市场机遇，如图1-4所示，尤其在科技与消费模式变化的驱动下，各行业的转型发展日新月异。然而，成功的企业与失败的案例也在不断提醒我们，企业在追逐新兴行业机遇的同时，必须具备持续创新的能力和稳健的财务管理。这不仅是关乎市场扩展的战略选择，更是企业能否实现可持续增长的核心问题。

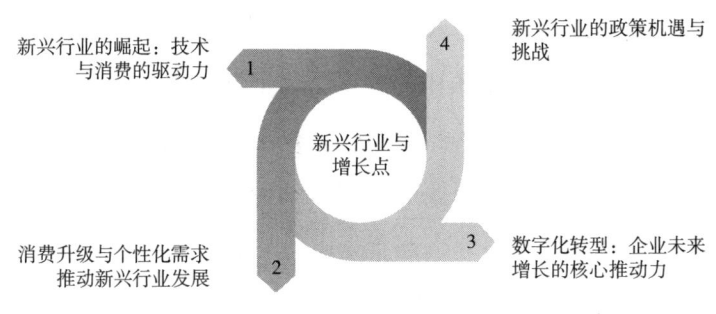

图1-4 新兴行业与增长点

1. 新兴行业的崛起：技术与消费的驱动力

全球经济结构的不断转型，使得新兴行业成为经济增长的重要引擎。这些行业通常依赖于技术创新、互联网平台及消费结构的变化。例如，智能制造、短视频、电子商务、AI 和绿色能源等新兴行业在中国的蓬勃发展，便是数字化转型和技术进步的直接产物。

如今，消费者的行为和消费模式发生了根本性转变，线下消费逐渐向线上转移，电子商务成为各大品牌的核心渠道之一。电商直播就是其中一个突出的案例。通过与直播平台的合作，许多品牌迅速扩大了自己的影响力和销售规模。电子商务不仅是一种新的销售渠道，更反映了消费者行为的数字化转型，成为品牌营销的重要工具。

不过，新兴行业不仅带来发展机遇，同时也隐藏着风险。某些电商平台在盲目追求规模扩展的过程中，忽视了盈利能力和财务管理的问题，导致了经营危机和企业倒闭。这些失败的案例警醒我们，企业不仅要抓住行业崛起的机会，更需要具备稳健的财务管理和长期战略眼光。

2. 消费升级与个性化需求：推动新兴行业发展

随着消费者收入水平的提高，消费结构也在逐渐升级，个性化、高品质、品牌认同感成为消费者选择的重要因素。美妆、个人护理、健身和休闲娱乐等行业正是在这样的背景下实现了快速增长。

许多成功的品牌能够敏锐捕捉到这一趋势，推出符合年轻人审美和消费习惯的产品，利用社交媒体和大数据精准把握消费者需求。通过与消费者建立深厚的情感联系，这些品牌不仅实现了短期内的销售增长，还塑造了独特的品牌形象。成功的企业通常能够利用大数据分析，实时调整产品线和市场策略，确保在激烈的市场竞争中始终保持优势。

与此相反，某些企业虽然利用了低价拼团等创新的商业模式在初期吸引了大量用户，但未能顺应消费升级的大趋势，未能向高端消费者群体拓展。在新兴行业的发展中，低价策略在短期内可能带来流量增长，但从长远来看，如果不能顺应市场需求的变化，企业很难在竞争中占据有利位置。

3.数字化转型：企业未来增长的核心推动力

数字化转型是推动新兴行业迅速发展的核心动力。大数据、AI、物联网等技术的应用，使得企业能够提升运营效率、优化用户体验，并打造更具个性化的服务模式。许多新兴品牌正是通过数字化手段，建立了强大的品牌影响力，并在短时间内抢占了市场份额。

通过数字化手段，企业能够更好地分析消费者行为、改进供应链管理和提升市场反应速度。尤其在电商和消费品行业，企业通过数据分析，能够精准判断消费者偏好，快速调整产品策略。例如，某些企业通过智能硬件生态系统或线上线下的结合，打破了传统企业高成本、高价格的运营模式，成功吸引了大批年轻消费者。

但数字化转型并非所有企业都能轻松驾驭。那些在迅速扩张中未能同步提升数字化管理能力的企业，常常因成本失控或运营效率低下而陷入困境。新兴行业虽然依赖于互联网平台和数字技术，但企业内部的管理机制必须跟上业务扩展的速度，才能在数字化转型的浪潮中保持竞争力。

4.新兴行业的政策机遇与挑战

政策的支持往往是新兴行业迅速崛起的重要推动力。近年来，国家出台了许多鼓励创新和科技发展的政策，特别是在AI、绿色能源和数字经济领域。这些政策为新兴企业提供了广阔的市场空间和战略机遇。

许多企业在其快速扩展的过程中，受益于国家提供的税收优惠、技术补贴和融资支持，通过这些政策，企业不仅能够减轻财务负担，还能迅速占领市场份额。此外，国家的支持政策也在推动跨境电商的快速发展，帮助品牌走向国际市场。然而，政策的支持并不能解决所有问题，企业仍需根据市场实际需求进行战略调整，才能真正实现可持续发展。

同时，国家的监管政策也给新兴行业带来了挑战。随着市场竞争的加剧，一些初创企业在快速扩张的过程中，忽视了合规运营和政策变化的风险，导致业务模式无法持续运作。因此，企业在享受政策红利的同时，必须时刻保持对政策环境的敏锐洞察，确保业务合规和可持续性。

> **案例链接**
>
> ### T集团引领数字经济新潮流
>
> 在探讨未来经济的展望时，新兴行业与增长点无疑是备受瞩目的焦点。其中，数字经济作为推动全球经济转型的重要力量，正以前所未有的速度蓬勃发展。而在这一浪潮中，T集团凭借其独特的创新力和敏锐的市场洞察力，成了新兴行业的领跑者，为我们提供了一个生动的案例，充分展现了未来数字经济的增长潜力。
>
> 2021年，T集团在全球范围内的表现尤为抢眼。作为一家以短视频和AI为核心业务的企业，T集团不仅成功打造了多个广受欢迎的产品，如抖音、TikTok（抖音集团旗下的短视频社交平台）等，还通过不断的技术创新和应用拓展，为用户提供了更加丰富、个性化的数字体验。这些产品的成功，不仅为T集团带来了巨大的商业价值，也为其在数字经济领域奠定了坚实的地位。
>
> T集团的成功，很大程度上得益于其对短视频和AI的深刻理解和创新应用。在短视频领域，T集团通过精准的算法推荐和丰富的内容生态，吸引了大量用户的关注和参与。用户在这里可以轻松地找到自己喜欢的内容，与志同道合的人进行互动，形成了强大的社区效应。而在AI方面，T集团则利用先进的技术手段，

不断优化产品的性能和用户体验，提升了产品的竞争力和市场占有率。

　　T集团的崛起，不仅为数字经济注入了新的活力，也为我们提供了宝贵的启示。首先，创新是推动数字经济发展的关键。只有不断创新，才能满足用户日益多样化的需求，赢得市场的认可和支持。其次，数字经济与实体经济的深度融合是未来发展的重要趋势。T集团通过数字化手段，将线上与线下、虚拟与现实紧密结合起来，为用户提供了更加便捷、高效的服务体验。

　　展望未来，随着数字技术的不断进步和应用场景的不断拓展，数字经济将迎来更加广阔的发展空间。而像T集团这样的新兴行业领军企业，将继续发挥引领作用，推动数字经济不断迈上新的台阶。我们有理由相信，在数字经济的浪潮中，将会有更多的创新企业涌现出来，共同塑造一个更加繁荣、多元的未来经济格局。

第二章　税务制度的演变与影响

税务制度作为国家经济治理的重要工具，伴随时代变迁不断演进，深刻影响着企业运营和社会经济发展。本章将首先回顾税务制度的起源与基本框架，从历史视角理解税制的发展逻辑及其核心原则。接着，我们将对比国内外税务政策，揭示不同税制模式的优劣和各国在税收管理上的创新实践，借此为我国税制优化提供参考与启示。此外，本章还将聚焦税务改革对企业运营的深远影响，包括减税降费政策对中小企业的支持作用，以及税制调整对企业成本结构和财务规划的要求。通过具体案例，我们将展示企业在应对税务合规挑战时的实践经验与成功策略。本章旨在帮助读者全面理解税务制度的演变背景和现实影响，为企业在税务合规和运营优化中提供系统的指导与方向。

第一节　税务制度的起源与基本框架

税务制度作为国家财政的重要支柱，其历史渊源可以追溯至中国古代社会的治理实践。早在夏商时期（约公元前 2000 年），中国就已形成了以"贡赋"为核心的早期税收体系。《孟子·滕文公》记载"夏后氏五十而贡"，表明当时已出现按土地产量征收实物税的规范。这种以农业经济为基础的税收模式，通过城墙修筑与水利工程等公共建设，展现了税收与国家治理的原始关联。随着秦汉时期中央集权制度的完善，统一的"田租口赋"制度标志着中国古代税收进入系统化阶段，特别是汉武帝时期推行的盐铁专卖政策，开创了国有专营与税收相结合的特色框架。

值得注意的是，中国古代税收制度始终与"轻徭薄赋"的治国理念相呼应。《周礼·地官》中"以九赋敛财贿"的记载，系统阐述了税收用于"养万民""聚百物"的公共属性。北宋王安石推行"青苗法"时，曾以"民不加赋而国用饶"论证税收调节经济的功能，这种通过制度创新实现财政平衡的智慧，至今仍具启示意义。

这些历史实践表明，中国税务制度从起源阶段就呈现出两个鲜明特征：一是强调税收与民生保障的平衡关系，二是通过土地税、专卖制度等设计实现经济调控。这种植根于农耕文明的传统，为现代税收"取之于民、用之于民"的理念提供了深厚的文化根基。

税务制度在经济社会发展过程中逐渐演变而来，其核心原则是依法纳税。税收不仅为国家提供了稳定的财政来源，还通过税收政策调节经济、促进社会公平，如图2-1所示。例如，许多国家利用累进税制，确保高收入群体承担更高比例的税负，从而实现财富的再分配。这一制度的实施，旨在减小社会贫富差距，促进经济的均衡发展。

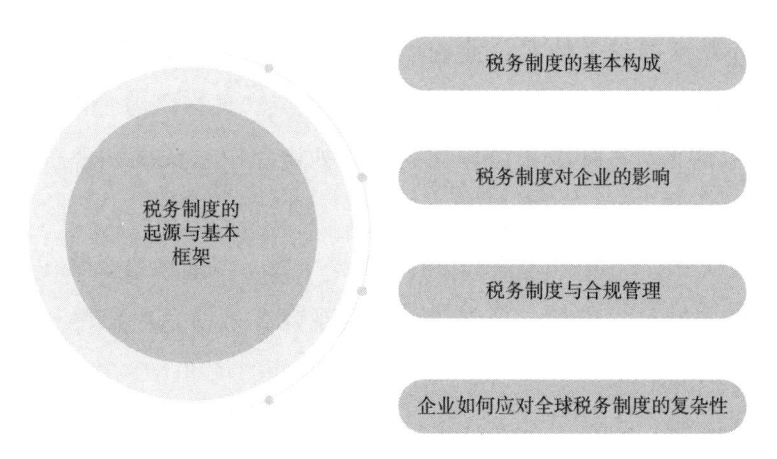

图2-1　税务制度的起源与基本框架

1. 税务制度的基本构成

尽管每个国家的税务制度各不相同，但现代税务制度的核心框架通常包含几个重要的税种：企业所得税、个人所得税、增值税和关税等。这些税种共同构成了国家财政收入的重要来源。以企业所得税为例，它是企业根据盈利情况向政府缴纳的税款，也是国家财政收入的主要来源之一。企业所得税不仅关系到国家的财政状况，也直接影响着企业的投资决策和经济活动。

企业在运营中，遵守税务制度至关重要。对于企业来说，税务合规不仅是法律的要求，也是维护其市场信誉的基石。某些企业可能由于在税务合规方面的疏忽而遭遇严重后果。例如，在某些行业中，企业可能试图通过虚报损失或其他手段来降低应缴的企业所得税，这不仅是对税务制度的违背，也严重损害了企业的信用和形象。

此外，不同国家对税务的具体规定和征收方式也各有不同，这给企业的税务管理带来了挑战。企业需根据各国的税务政策制定合规策略，以确保其经营活动的合法性和合规性。

2.税务制度对企业的影响

税务制度的复杂性对企业的运营和发展产生了深远影响。特别是在全球化背景下，不同国家之间税务规则的差异，使得跨国企业在进行业务拓展时需要处理各种税务协调问题，例如避免双重征税和理解转让定价规则。

企业税务合规是降低税务成本的重要手段，但前提是必须在合法、合规、合理的框架内进行。合理的税务合规能够帮助企业在遵守法律的同时，最大限度地减少税负。这不仅提升了企业的竞争力，也为其在市场中持续发展提供了支持。

然而，不遵守税务规范的企业将会面临巨大的法律责任和市场风险。在过去，有企业因未能妥善处理财务与税务问题，导致严重的财务造假，最终使其面临巨大的法律制裁和投资者信任危机。这种情况提醒企业，无论在何种情况下，都不应试图逃避或违反税务法规，因为这将给企业带来不可估量的损失。

3. 税务制度与合规管理

税务合规管理是现代企业治理的重要组成部分。它不仅仅是法律要求，更是企业实现长期稳定发展的关键环节。通过遵守税务制度，企业可以在法律框架内进行合理的税务规划，减少税务风险。

有效的税务合规体系可以帮助企业在复杂的税务环境中保持灵活性，适应市场变化。企业需要建立健全的税务管理制度，确保在扩展业务时的每一步都符合法律要求。税务合规不仅有助于维护企业的良好声誉，还能增强投资者和消费者对企业的信任。

与此形成对比的是，未能遵守税务合规要求的企业，往往面临高额罚款和法律制裁。这样的结果不仅导致企业失去信誉，还可能造成严重的财务危机，甚至使企业面临破产的风险。

4. 企业如何应对全球税务制度的复杂性

在全球化的背景下，跨国企业面临的税务问题愈发复杂，尤其是在多个国家同时开展业务的企业。应对这些挑战，企业需要具备一个全球化的税务管理团队，深入了解各国的税务法律和政策，以确保其经营活动的合规性和合法性。

此外，企业还需及时关注税务政策的变化，以便作出快速的调整和应对。税务环境的变化可能会影响企业的战略决策，因此，企业必须确保其财务报表的透明性和真实性，以避免财务危机的发生。

企业在面对复杂的税务环境时，还可以借鉴行业中的成功案例，学习他们在税务合规管理方面的有效做法和经验，从而提升自身的税务管理水平。这不仅有助于企业在国际市场中的竞争力，还为其可持续发展提供了良好的基础。

第二节　国内外税务政策对比与启示

作为全球科技领域的佼佼者，华为的业务遍布全球170多个国家和地区，这也意味着它面临着不同国家复杂多样的税务政策。面对各国税务政策的不同，华为通过建立全球化的税务合规管理团队，精确研究每个市场的税务规则和法律条款，确保在全球不同市场都能够合法缴纳税款。例如，华为通过与各国税务机构合作，积极参与税务协定，避免双重征税，并采取符合当地法律的税务合规策略。这使得华为不仅顺利开展了全球业务，还在各地树立了合规经营的良好口碑。

反观另一科技巨头，在某国际市场上，因其税务策略而遭遇困境。该公司曾将其部分业务布局于税率较低的爱尔兰，以实现税务上的优势，长期以来缴纳的税额远低于同地区其他同类企业。此举引起了欧盟的广泛关注，并导致了长达数年的深入调查。欧盟最终认定，该公司利用爱尔兰的税收优惠政策，规避了应尽的税收责任，并要求其补缴高达130亿欧元的税款。这一事件不仅损害了该公司声誉，也引发了社会各界对企业税务合规性及市场竞争公平性的广泛讨论。

通过这两个截然不同的案例，我们能够清楚看到，全球不同国家和地区的税务政策差异巨大，企业如何应对这些政策对其全球业务发展至关重要。税务政策的合规与否，不仅影响企业的财务成本，还关乎企业的全球声誉。

1. 国内外税务政策的主要差异

税务政策在税率、税种、税收激励措施和合规要求方面存在明显差异。一些发达国家的企业所得税税率较高，而一些发展中的国家企业所得税税率较低（分别为12.5%和17%）。此外，欧美国家更加注重税收的财富再分配功能，推行严格的税务审计，而我国则通过税收政策积极推动产业升级和经济结构调整。

在我国，金税四期"以数治税"的特征使税务管理更加数字化和透明化，通过大数据分析和信息共享对企业的经营活动进行实时监控。这意味着企业需要更加关注税务合规，在享受税收优惠政策时，也需确保财务数据的逻辑性与透明度。

2. 税收激励政策的国际比较

各国通过税收激励政策鼓励研发、投资和出口。我国近年来对高新技术企业实行优惠政策，将所得税率从25%降低至15%，并推行研发费用加计扣除，支持中小科技型企业发展。相比之下，美国通过研发税收抵免机制刺激创新，欧盟则聚焦于环保和节能项目的税收激励。

在我国，在金税四期的监管体系下，企业申报研发费用加计扣除或享受其他税收优惠政策时，需提供完整的财务凭证和真实的交易记录，以避免因信息不符而被稽查。企业不仅要用好政策红利，更要做好数据的合规性管理。

3. 避免双重征税与税务协定的重要性

随着全球化进程的加快，跨国企业可能因多个国家征税而面临双重税负。通过签订双边或多边税务协定，可以降低企业的税务成本，例如我国与超过100个国家和地区签订的税务协定，为企业在国际化布局中提供了政策保障。

在我国，金税四期通过数字化手段促进国际税务信息共享（如CRS体系），对跨境交易和收入流动进行有效监控。这不仅有助于落实税务协定，也督促企业优化其税务架构，确保全球范围内的税务合规。

4. 税务政策对企业合规管理的启示

税务政策的差异性和复杂性要求企业采取更加专业化的合规管理措

施。在金税四期背景下,税务监管更为严密,企业需实现"六流合一"(合同、发票、现金流、物流、业务流、交付资料)的数据一致性。

中小企业应主动对接智能化的税务管理工具,定期核查财务数据的合规性,避免因发票逻辑异常或账户异常转账而引发税务预警。例如,避免频繁的公转私或以不符合逻辑的方式暂估成本。

案例链接

S重工的全球税务合规策略:多元化市场中的优化与挑战

在全球化的市场环境中,企业不仅需要面对激烈的市场竞争,还需遵守不同国家的税务政策。税务合规是企业避免法律风险、实现可持续发展的关键环节。作为中国工程机械行业的代表性企业,S重工凭借卓越的技术实力和广泛的市场布局,展示了其在国内外市场中通过税务合规实现经营优化的优秀实践。

我们知道,税务政策在不同国家和地区间存在显著差异,各国和不同地区通常针对制造业和研发活动提供不同程度的税收优惠。我国对本土制造业和高新技术企业推出了一系列激励措施。例如,企业所得税率对高新技术企业降至15%,研发费用可享受额外加计扣除。此外,出口导向型制造业还可通过增值税即征即退的政策降低成本,这些措施显著激励了国内企业的创新和市场拓展。

在国外市场,不同国家也设置了具有本地特色的税务政策。例如,有些国家免除进口设备的关税和增值税,或为企业的研发投入提供税收抵免和政府补贴。这些政策为国际企业投资和运营创造了有利条件，但企业在不同国家间运营时也面临税务政策差异带来的挑战，需要做好税务合规以实现优化。

S重工深刻认识到，在复杂多变的税务环境中实现合规管理，是其稳健发展的重要保障。在我国市场，S重工充分利用了国家对制造业和高新技术企业的税收优惠政策。公司通过严格的纳税申报和财务管理，确保自身在享受优惠政策的同时避免因违规行为而面临处罚。此外，公司建立了完善的税务合规体系，灵活选择会计政策和利用国际税收协定，降低税负，提升运营效率。

在国际市场，S重工通过深入研究各国税务法规，确保其全球业务合规运营。在进入某一市场前，公司会根据当地的税务政策和投资环境，选择设立子公司、分公司或合资企业等适当的投资架构，以实现税务优化。此外，公司还依托我国与其他国家签订的税收协定，合理分配收入，避免双重征税的风险。

S重工的税务合规实践中，有几个关键策略值得关注。首先，公司充分利用我国与海外市场之间的税收协定，避免双重征税。例如，在欧洲市场运营时，公司通过优化母公司与子公司之间的收入分配，实现税负最小化。其次，S重工在不同市场中灵活选择投资架构。针对某些国家对子公司和分公司税务待遇的差异，公司在投资时会因地制宜地调整架构，降低运营成本。

此外，S重工还将部分研发活动布局于享有税收优惠的地区，这一策略不仅降低了研发成本，还提升了公司在技术领域的竞争力。例如，公司在国内的研发中心充分利用高新技术企业税收优惠政策，将技术创新与市场拓展紧密结合，推动企业整体发展。

> S重工的税务管理实践,为其他企业提供了以下几点启示:
>
> 第一,深入了解税务政策。企业在进入国内外市场前,必须深入研究当地税务法规,确保业务合规。
>
> 第二,合理利用税收优惠。国家的税收优惠政策是企业优化税负的重要工具,应积极申请和合理利用。
>
> 第三,加强税务风险管理。建立完善的税务风险管理体系,确保企业能够及时发现潜在风险,并采取应对措施。

第三节 税务改革对企业运营的影响

在近年来的税务改革浪潮中,许多国内企业深刻感受到了政策变化带来的影响。以国内一家知名的互联网零售公司为例,这家公司正处于快速扩张期,其线上和线下业务同时开展,销售网络遍布全国。随着国家对电商平台税收政策的调整,尤其是电子发票和跨境电商税务制度的改革,该公司不得不重新审视自身的财务和税务管理体系。在面对税务改革的压力下,虽然公司的运营成本增加,但通过合理的税务合规,该公司在合规的基础上优化了内部流程,反而提升了整体业务效率。

与此同时,另一家中小型制造企业在税务改革中则遇到了不同的挑战。国家推出增值税减免政策原本旨在帮助企业减负,但该企业由于税务合规不当,未能充分利用这一优惠政策,反而在竞争中失去了部分市场份额。

这一案例反映了税务改革对企业的双重影响,即那些准备充分、适应灵活的企业可以借机提升竞争力,而忽视政策变化的企业则可能面临更大的运营风险。

税务改革不仅是国家宏观经济调控的工具，也是直接影响企业经营方式的重要因素。企业能否有效应对税务改革，直接关系到其成本结构、市场竞争力和未来的成长空间。以下几个要点深入分析了税务改革对企业运营的主要影响，如图 2-2 所示。

```
                    税务改革对企业运营的影响

  1  税务成本的变化：重新审视企业的      3  税务合规要求提高：增强企业管理透
     财务管理                              明度

  2  企业战略调整：从被动应对到主动      4  税务改革推动企业创新：探索新的市
     布局                                  场和业务模式
```

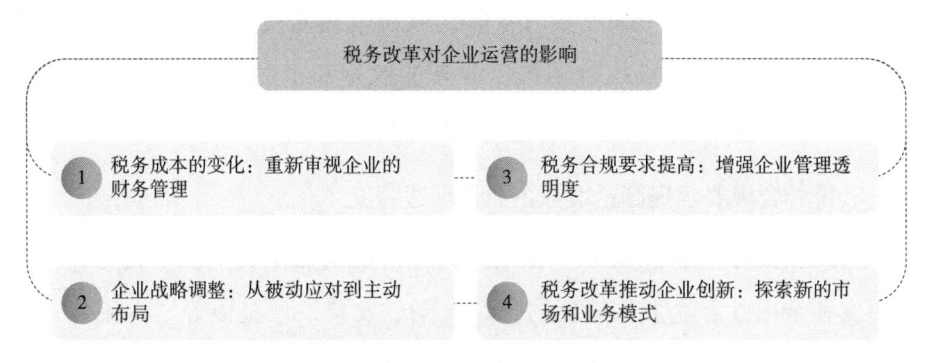

图 2-2 税务改革对企业运营的影响

1.税务成本的变化：重新审视企业的财务管理

税务改革直接影响企业的税负成本和财务管理模式。国家多轮增值税和企业所得税改革降低了部分行业的税率，例如制造业增值税率从 16% 降至 13%，为企业降低了生产成本。然而，金税四期的实施对数据的真实性和逻辑性提出了严苛要求。企业若不能满足合规需求，可能面临补税甚至罚款的风险。

以某互联网零售企业为例，该企业通过建立自动化财务和税务系统，在享受税收优惠的同时提高了申报效率，减少了人工误差和潜在的合规风险。相对而言，未能及时调整财务管理的企业，可能因无法享受政策红利而导致竞争力下降。例如，一些制造企业因忽视增值税减免政策的合规要求，不仅未能降低实际税负，还遭受了监管处罚。

2. 企业战略调整：从被动应对到主动布局

税务改革促使企业重新审视其业务布局和战略规划，尤其是那些依赖跨境电商或海外市场的企业。跨境电商税务政策调整，使企业在定价策略和供应链管理方面面临更大压力，但也为优化资源配置带来了契机。

金税四期下的数据联通与跨境信息共享（如 CRS 系统）大幅增强了对跨境业务的监管。一家互联网零售企业通过充分利用税收优惠政策，不仅优化了资金流动，还提升了跨境业务的效率和市场响应速度。这表明，税务改革不只是负担，也可转化为提升竞争力的契机。

3. 税务合规要求提高：增强企业管理透明度

金税四期在"智慧税务"和大数据分析的支撑下，加强了税务征管的透明度和全面性。企业需确保财务、合同、发票、现金流等"六流合一"，以满足合规要求。例如，电子发票的推广和个人所得税的数字化申报要求企业建立完善的财务监控体系，确保数据与业务逻辑的统一。

以某制造企业为例，由于忽视增值税减免政策的合规要求，该企业未能及时调整财务管理，错失优惠政策机会并陷入经营困境。这表明，合规不仅是规避法律风险的底线，也是提升企业运营效率的重要抓手。

4. 税务改革推动企业创新：探索新的市场和业务模式

税务改革在推动企业合规的同时，也为企业创新提供了助力。部分企业通过税务优化节约成本，将更多资源投入到研发和市场开拓中。例如，高新技术企业可以通过研发费用加计扣除等政策，增加对技术创新的投入，提升市场竞争力。

在金税四期的监管下，某互联网企业通过新税制积极调整业务模式，利用跨境电商税收优惠政策拓展海外市场，同时通过优化财务结构降低运营成本。这不仅提高了企业的竞争力，也成为新业务模式创新的典范。

案例链接

科技企业借力税收新政实现创新突破与全球化布局

现如今,我国实施了一系列税收政策,重点支持科技创新、数字化转型及国际化发展。某智能驾驶科技公司(以下简称 D 公司)凭借精准政策运用,成功实现研发投入增长、合规管理升级及全球化布局突破,成为行业转型标杆。

一、政策赋能:精准支持关键领域

我国的税收新政为科技创新和产业升级提供了有力支持。科技型中小企业研发费用加计扣除比例为 100%,制造业企业研发费用加计扣除比例为 120%。高新技术企业享受 15% 的企业所得税优惠税率,亏损最长结转年限为 10 年,还可以按当期可抵扣进项税额加计 5% 抵减应纳增值税额。此外,委托境外研发费用不超过境内符合条件的研发费用三分之二的部分,可以按规定在企业所得税前加计扣除。这些政策为科技企业提供了多维度的支持框架。

二、企业实践:政策红利驱动转型突破

D 公司成立于 2021 年,专注 L4 级自动驾驶技术研发。2024 年,公司通过合理运用税收政策,实现了逆势增长。公司将激光雷达感知算法(占总研发费用 50%)适用 100% 加计扣除,抵减应纳税所得额 7 200 万元;硬件适配开发依托制造业资质,适用 120% 加计扣除,再获 1 560 万元税收减免。综合税率降至 9.5%,2024 年

实际减少税负 2 100 万元，研发投入强度从 18% 提升至 25%。

在数字化税务管理方面，D 公司部署税务机器人自动归集研发数据，生成《研发费用辅助账》，确保申报零差错。同时，设立税务情报小组，动态捕捉政策变化，将 SLAM 定位算法重新归类为目录内项目，加计扣除比例再提升 10%。

在全球化布局方面，D 公司在新加坡设立海外研发中心，通过委托境外研发费用的加计扣除政策，将预提税税率从 10% 降至 5%，并通过分国抵免避免双重征税，2024 年节约跨境税负约 800 万元。公司将税收节约资金投入 WVTA 认证，2024 年第四季度斩获德国物流企业 500 台自动驾驶卡车订单，海外营收占比从 15% 跃升至 35%。

三、成效与启示：政策红利转化为发展动能

截至 2025 年第一季度，D 公司实现研发专利增长 80%，全球累计申请量达 320 项；首度实现单季度盈利，营收 3.5 亿元，利润率 9.2%；入选国家级"专精特新"企业，获地方政府数据要素券补贴 200 万元。

D 公司的转型实践揭示了科技企业高质量发展的新范式：依托"政策-财务-业务"三维协同模型，将税收政策解构为精细化的战略工具。企业通过深度剖析研发项目技术特性，动态匹配差异化加计扣除政策，构建起从政策红利到价值创造的闭环体系。在合规领域，以 150 万元电子会计档案系统投入撬动 400 万元稽查成本缩减，实现合规投入的倍数回报；在战略层面，将税

收节约资金精准注入认证体系与标准建设，培育技术壁垒，形成"政策红利→技术壁垒→市场溢价"的螺旋上升生态。这种政策工具的系统化运用，不仅驱动研发投入持续攀升，更助力企业在全球智能驾驶赛道实现弯道超车，树立行业转型标杆，为科技企业探索出一条政策赋能与商业成功深度融合的创新路径。

第三章 企业风险的迷雾与陷阱

在复杂多变的商业环境中,风险无处不在,企业若无法有效识别和管理风险,将可能陷入危机。本章将聚焦企业面临的各种风险类型,帮助读者深入了解财务风险、法律风险、运营风险及外部环境变化所带来的挑战。通过案例分析和理论研究,本章将揭示这些风险对企业发展的潜在威胁。此外,风险管理的重要性和实施过程中的挑战也将是本章的核心讨论内容。企业需要在防范风险的同时,抓住潜在的机会,这对其管理水平和应对能力提出了更高要求。最后,本章将介绍如何建立和完善企业的风险防控体系,从风险识别、评估到监控及应对机制的构建,提供系统化的建议和可操作的工具。本章旨在帮助企业在迷雾中找准方向,防范陷阱,从容应对不确定性带来的风险与挑战,为企业的可持续发展提供有力保障。

第一节 识别企业面临的主要风险类型

国内某知名直播电商公司由于过度依赖单一的带货模式,忽视了潜在的运营风险,导致一场重大的危机。这家企业通过与众多知名主播合作,在短期内迅速占领了市场,月销售额一度突破数亿元。然而,随着直播电商行业的迅速发展,政策逐渐收紧,市场环境发生了变化,平台对主播带货的规范要求也愈加严格。

2021年,该企业在税务合规和主播监管方面存在漏洞,导致多位头部主播被调查,部分甚至被罚款和封禁。这一事件不仅对公司运营造成重大打击,也引发了消费者和投资者的信任危机。原本依靠主播带货的销售链条被打断,导致企业的营业收入急剧下降。这一危机暴露了公司在风控机制上的缺陷：过度依赖单一销售渠道、忽视政策和合规风险、对行业变化缺乏前瞻性预警。

通过这一案例，可以看到企业在快速扩张过程中，如果没有建立完善的风险识别机制，将可能面临严重的运营挑战，甚至威胁到公司的生存。

企业在运营过程中面临各种风险，而这些风险有时潜伏得很深，未被及时发现和管理就可能带来灾难性的后果。为了保障企业的长期发展，首先必须学会识别风险，明确不同类型的风险对企业的影响，并采取相应的措施加以应对。企业的主要风险类型可以分为以下几类，如图3-1所示。

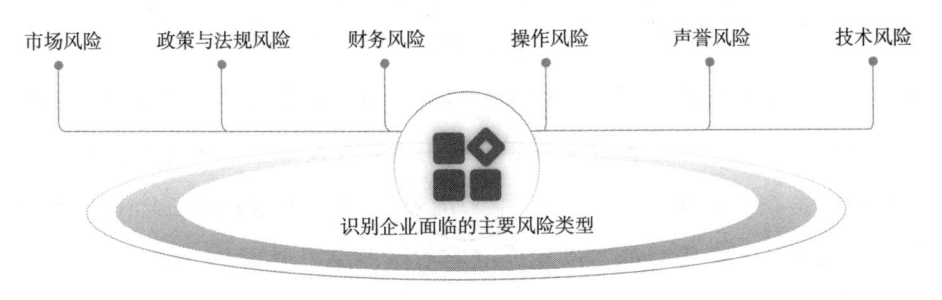

图 3-1　识别企业面临的主要风险类型

1. 市场风险

市场风险是企业在经营过程中难以回避的一项挑战，它源于市场需求变化、竞争环境波动及行业政策的调整。在宏观经济环境不稳定的背景下，如经济下行阶段，消费者购买力减弱，对商品和服务的需求自然减少，这对企业的销售额和利润构成直接威胁。例如，在全球经济衰退期间，许多企业不得不缩减生产规模，甚至裁员以应对市场需求萎缩带来的压力。此外，市场需求的波动还可能因消费者偏好的快速变化而加剧，如健康意识的提升导致对健康食品的需求激增，而对高糖、高脂肪食品的需求则大幅下降，这对相关行业的企业提出了快速适应市场变化的要求。

在竞争环境方面，新竞争者的加入和现有竞争对手的策略调整都可能对企业造成冲击。直播电商行业就是一个典型的例子，该领域近年来吸引了大量新玩家的涌入，从个人主播到大型电商平台，都在争夺有限的用户资源和市场份额。随着市场的逐渐饱和，竞争愈发激烈，企业如果不能及时调整营销策略，优化用户体验，提升产品质量，就很容易被市场淘汰。行业格局的变化，如新兴平台的崛起或传统平台的衰落，也会对企业的市场地位产生深远影响。

2. 政策与法规风险

政策与法规风险是企业经营中不可忽视的另一大风险。国家政策的调整直接影响企业的经营环境，包括税收政策、环保政策、行业准入标准等。例如，税收政策的变化可能直接影响企业的盈利能力和资金流，而环保政策的加强则要求企业投入更多资源用于环保设施建设和污染控制。

例如，在直播电商行业，近年来随着行业的快速发展，监管机构出台了一系列新的监管政策，以规范市场秩序，保护消费者权益。这些政策涉及主播收入合规申报、广告审核、消费者权益保护等多个方面。企业如果未能及时响应政策变动，可能面临严重的法律后果，包括高额罚款、业务暂停甚至被责令停业整改。此外，政策的不确定性也是企业需要应对的风险之一，政策的突然调整可能打乱企业的长期规划，增加经营的不确定性。

3. 财务风险

财务风险是企业经营中最为直观的风险之一，它源于资金管理不善、融资困难或财务决策失误。过度依赖外部融资的企业，在资本市场波动或信贷环境收紧时，可能面临资金链断裂的风险。一旦资金链出现问题，企业的日常运营将受到严重影响，甚至可能导致企业破产。

此外，财务造假和资产错配也是常见的财务风险。一些企业为了追求短期利益，可能会采取财务造假等不正当手段，这不仅损害了企业的声誉，还可能引发法律纠纷。而资产错配则可能导致企业资源配置不合理，投资回报低下，进而影响企业的整体盈利能力。在扩张速度过快但管理跟不上的企业中，这些财务风险尤为突出。

4. 操作风险

操作风险是企业日常运营中难以避免的风险之一。它源于企业内部控制薄弱、管理制度不完善或员工操作失误。操作风险往往体现在具体的业务流程中，如供应链管理、客户服务、产品质量控制等。如果企业内部流程不顺畅，关键岗位缺乏有效管控，就可能导致运营效率下降，甚至发生重大损失。

在供应链管理方面，供应商的选择、采购流程的优化、库存管理等都是影响操作风险的关键因素。如果企业未能建立有效的供应商评估机制，可能会采购到质量不合格的原材料或零部件，进而影响产品的整体质量。在客户服务方面，如果企业未能建立完善的客户服务体系，可能会导致客户投诉增多，客户满意度下降。而在产品质量控制方面，如果企业未能严格执行质量检查标准，可能会导致产品质量不稳定，进而影响企业的市场声誉和品牌形象。

5. 声誉风险

声誉风险是企业经营中最为致命的风险之一。它源于企业的某些行为或事件引发的公众和客户信任危机。一旦企业涉及产品质量问题或虚假宣传等负面事件，其公众形象和市场认可度将受到严重损害。在社交媒体兴盛的时代，声誉风险往往比其他风险更难以控制。负面消息可能在短时间内迅速扩散，通过社交媒体等渠道迅速传播至广大受众，从而对企业造成难以挽回的损失。

声誉风险的防范和管理需要企业从多个方面入手。首先，企业需要建立完善的内部控制体系和合规管理机制，确保企业行为符合法律法规和道德规范。其次，企业需要加强产品质量控制和客户服务管理，提升客户满意度和忠诚度。最后，企业还需要积极应对媒体和公众的关注，建立有效的危机管理机制，及时回应负面事件并采取措施恢复公众信任。

6.技术风险

在互联网和科技快速发展的今天，技术风险对企业的影响日益显著。企业如果不能及时采用新技术或忽视技术更新，可能会被竞争对手超越或面临技术漏洞带来的安全风险。在直播电商行业中，技术对用户体验、销售转化率、数据分析等方面至关重要。如果企业未能跟上技术发展的步伐，可能会导致用户体验下降、销售转化率降低等问题。

此外，技术漏洞和数据泄露也是企业需要防范的风险之一。如果企业的系统存在安全漏洞或被黑客攻击，可能导致用户数据泄露或系统崩溃等问题。这不仅会损害企业的声誉和品牌形象，还可能引发法律纠纷和赔偿责任。因此，企业需要加强技术研发和投入，提升系统的安全性和稳定性。同时，企业还需要建立完善的数据保护机制，确保用户数据的安全和隐私。

> **案例链接**
>
> **某大型零售企业的风险诊断**
>
> **一、案例背景**
>
> 某大型零售企业在全国范围内拥有超过500家门店，年营业额超过100亿元，但其财务和业务管理存在多个短板。企业缺乏统一的信息系统，各门店的财务数据通过电子表格和人工汇报的方式上传至总部。这种传统的管理方式在以下几方面存在风险：
>
> 1.数据量庞大：每月约有2 000份报表提交至总部，财务部门需耗费大量时间整理和校对。

2. 政策利用不足：由于对地方和国家的税收政策缺乏动态更新，企业每年多缴了5%左右的税款。

3. 人工成本高：仅财务统计人员的工资和加班费每年就高达1 200万元，但数据错误率仍在15%以上，导致报表和决策的准确性较低。

4. 时效性差：各门店数据汇总需要两周，导致管理层难以及时了解企业的财务状况，削弱了市场快速响应能力。

二、主要风险类型识别及应对措施

通过对该零售企业的财务状况进行诊断，财税咨询团队识别出了企业面临的几类主要财税风险，并提出了具体的应对措施。

1. 政策风险：税收优惠和减免政策的利用不足

企业由于缺乏专业的税务政策团队，未能及时了解国家对大型零售行业的各类税收优惠政策。根据税务部门的反馈信息，该企业有近20%的门店在特殊区域，享受减免税政策，但企业却未能有效利用。

为此，第一，建立专职政策更新小组。建议企业内部设立一个专职税务政策更新小组，负责跟进国家和地方的税务政策变化，并及时反馈到财务部门。第二，引入税收优惠管理软件。企业可以采用智能税收管理软件，将全国各区域的税收政策信息整合到系统中，并将新政策和减免政策自动推送至相关门店，确保及时应用于财务报表。第三，每季度政策审查。建议财务部门每季度审查一次门店的税务申报情况，以确保所有可能享受优惠的门店都准确无误地申报，降低税收支出。

2. 操作风险：人工操作导致的数据准确性风险

由于依赖人工操作，各门店数据汇总和整理过程中出错频率较高。在 5 000 条数据中，平均每月有 750 条数据出现误差，错误率高达 15%，这些误差导致报表分析偏差较大，严重影响了决策的可靠性。

应对措施有以下几种：

第一，实施统一的 ERP（企业资源计划）系统。为避免手动录入错误，企业可以部署一套集成的 ERP 系统，将各门店的数据实时上传至总部。通过系统自动对接销售、采购、库存和财务模块，减少数据重复输入和人工录入的错误。

第二，设置数据校验功能。在 ERP 系统中设置数据校验和自动核对功能，如某项数据偏离常规值超过 5%，系统会自动提醒财务人员复核，确保数据准确性。

第三，数据清洗和培训。通过每月的数据清洗工作，检查并修正错误数据；同时对财务和运营人员进行数据处理培训，提升数据输入准确性。

3. 效率风险：财务数据统计与汇总的时效性差

由于各门店的数据需要人工汇总，每月的财务报表生成至少耗费 10 天时间，管理层无法在月初及时获取财务信息，进而影响了企业的经营决策速度。

慢两周汇总数据意味着企业错失了及时调整价格和促销策略的机会，推迟的调整可能导致单季利润损失约 3%，即 750 万元。

应对措施有以下几种。

第一，应用实时数据采集系统。企业可以部署实时数据采集和监控系统，使各门店的销售和库存数据自动上传至总部，实时更新报表。这一改进能将数据统计时间从 10 天缩短至 2 天，显著提高数据的时效性。

第二,自动化报表生成。通过数据自动汇总和分析功能,系统可以在月底自动生成各类财务报表,并为管理层提供决策参考。

第三,简化审批流程。企业可以将财务报表的审批流程在线化,使管理层可以随时随地查看并审批财务数据,减少内部沟通的滞后性。

4. 成本风险:高人工成本的负担

人工成本居高不下,财务部门的1 200万元人工成本在总运营成本中占比超过10%,但人工统计和校对的高成本未能换来数据的高效准确处理。高成本的同时伴随低效率,使得企业在财税管理上处于不利地位。

财务人员每年统计数据所需加班费和工资约1 200万元,但月平均误差750条数据,表明工作效率较低。

应对措施有如下几项:

第一,优化人员配置。财务部门应重点保留高素质的分析和管理人才,而将数据录入和简单对账等工作交由自动化系统完成,优化人力资源结构。

第二,绩效考核机制。通过建立绩效考核和激励机制,鼓励财务人员提高工作效率和准确率。考核标准可包括月度数据误差率、报表生成速度等,激励员工提升工作质量。

三、实施效果及企业收益

通过实施上述优化措施,这家大型零售企业在财务管理方面取得了显著的成效:

1. 节约税务成本。经过全面梳理政策,企业成功享受到了减免税优惠,税务成本年节约了约1 500万元。

2. 提高数据准确性。实施ERP系统后，财务数据的错误率从15%降低到5%以下，数据的准确性显著提高，为企业决策提供了可靠支持。

3. 提升数据处理效率。通过自动化系统和实时数据采集，财务报表生成周期从10天缩短至2天，管理层的决策速度和企业市场响应能力大幅提高。

4. 减少人工成本。借助RPA（概率风险评价）技术，企业财务部门的人工成本降低了600万元，使财务管理更加高效和经济。

第二节　风险管理的重要性与挑战

某知名在线教育平台曾是行业内的翘楚，凭借强大的技术支持和独特的教育资源在短短几年内迅速崛起，市值一度突破数百亿元。然而，随着政策的收紧及行业竞争的加剧，这家公司的扩张策略逐渐暴露出其对风险管理的忽视。面对政策的巨变，这家公司没有做好充分的风险评估和应对机制，导致其大规模裁员、股价暴跌，甚至陷入破产边缘。

该公司此前采取了激进的扩张策略，通过高额营销费用和大量招募教师快速抢占市场份额，但未能充分评估市场和政策风险。这不仅导致公司在政策变化面前措手不及，还让它承受了巨大的财务压力，最终引发了现金流危机和投资者信心的崩塌。

这一案例表明，企业在快速发展的过程中，忽视风险管理的严重后果，尤其是在政策、市场等外部环境存在巨大不确定性的行业中，风险管理的重要性不容忽视。

在当今快速变化的商业环境中，风险管理已成为企业生存与发展的关键要素。无论企业处于哪个行业或发展阶段，识别并有效管理风险是确保企业稳健运营的核心所在。风险管理不仅能帮助企业应对突如其来的挑战，还能提升企业的抗压能力，为其长期成功铺平道路。然而，风险管理本身并非易事，企业在实施过程中面临着诸多挑战。以下是风险管理的重要性及其主要挑战，如图3-2所示。

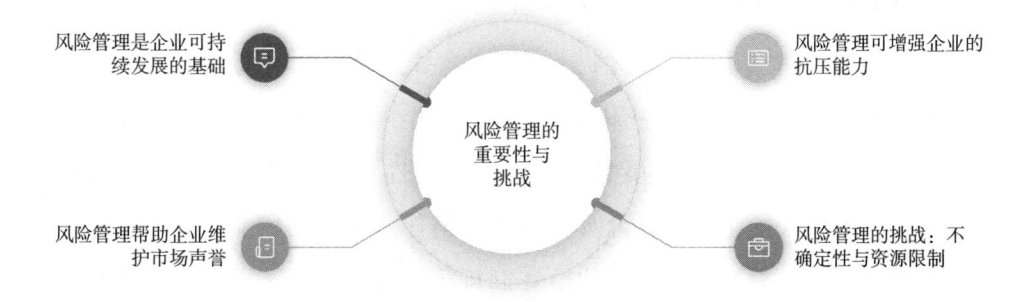

图3-2　风险管理的重要性与挑战

（图中内容：风险管理的重要性与挑战；风险管理是企业可持续发展的基础；风险管理可增强企业的抗压能力；风险管理帮助企业维护市场声誉；风险管理的挑战：不确定性与资源限制）

1.风险管理是企业可持续发展的基础

企业的生存和发展充满了不确定性，市场波动、政策变动、技术革新等都会带来无法预测的风险。有效的风险管理帮助企业提前预判这些潜在威胁，并采取适当的防范措施。通过识别和评估各类风险，企业可以更加有针对性地制定应对策略，从而避免或减少可能带来的损失。例如，企业可以通过多元化经营减少对单一市场或产品的依赖，或者通过加强合规和内部控制降低政策风险。

风险管理不仅是为了规避损失，也是企业在竞争中保持优势的一种手段。那些能够快速识别并应对风险的企业，往往比竞争对手更具灵活性，能在危机中抓住机遇，从而实现更长远的可持续发展。

2.风险管理可增强企业的抗压能力

在面对不可控的外部冲击时，如经济危机、自然灾害等，企业是否拥有健全的风险管理体系决定了其能否在危机中存活。

通过全面的风险管理，企业不仅能够在面对突发事件时具备快速反应的能力，还可以逐渐建立起强大的抗压能力，从而在危机中保持竞争力。完善的风控体系不仅是企业应对当前挑战的工具，更是提升企业内在韧性的长效机制。

3.风险管理帮助企业维护市场声誉

企业的声誉是其最宝贵的无形资产之一，然而，一次失误或危机管理不当可能让企业多年的积累毁于一旦。近年来，数据泄露、产品安全问题、财务造假等负面事件屡见不鲜，这些事件不仅带来了直接的财务损失，还严重损害了企业的公众形象和客户信任。有效的风险管理可以帮助企业提前识别出潜在的声誉风险，并制订危机管理计划，以便在问题发生时能够快速响应并将损失降至最低。

例如，某些知名品牌在食品安全事件爆发后，能够迅速启动危机公关，召回问题产品并加强生产环节监管，最大限度地控制了负面影响。这些企业正是依赖于健全的风险管理体系，才能在危机中化解风险，保护品牌声誉。

4.风险管理的挑战：不确定性与资源限制

尽管风险管理的重要性毋庸置疑，但企业在实施风险管理过程中常常面临巨大的挑战。首先，不确定性是风险管理的核心难题。企业往往无法精确预测未来的市场变化或政策调整，因此需要在有限的资源下制定弹性强的应对方案。过于依赖预测数据或市场趋势，可能导致企业在面对实际风险时措手不及。

其次，许多中小企业由于资源有限，难以建立全面的风险管理体系。资金、技术和人力的不足，使得企业只能在某些关键领域进行风险防控，而忽略了更为广泛的潜在风险。此外，部分企业管理层对风险管理的认识不足，认为风险管理仅是应对突发事件的工具，未能将其融入日常运营中。这种短视的态度使得企业在面临重大风险时往往缺乏充分的准备。

案例链接

风险失控的严重后果
——H公司业务萎缩的深层教训

2023年，H公司的业务陷入困境，全球PC（个人计算机）市场的持续萎缩让其主要收入来源受到重创。由于战略调整滞后，H公司错失了适应市场变化的关键时机。

H公司长期以来依赖于PC和打印设备业务，这两大产品线一度为其带来了可观利润。然而，随着智能手机、平板电脑等移动设备的普及，全球PC市场从2018年开始进入下滑通道。消费者和企业客户的需求不断减少，而市场的转型速度超过了H公司的预期。尽管其他科技公司如联想和戴尔已经逐渐将重心转向云计算和高端解决方案，H公司却未能及时调整自身的业务模式，仍然高度依赖传统PC业务。

到2024年，H公司的PC业务营业收入持续下滑，当年同比下降了8%，市场份额也逐步被竞争对手侵蚀。在打印业务方面，尽管公司推出了多款新产品，但无法扭转打印市场整体需求下降的趋势。此外，公司在新兴领域的投资也显得迟缓，如云服务和企业级解决方案的布局远远落后于竞争对手。这些战略失误逐渐暴露了H公司在市场风险识别和管理方面的不足。

市场风险管理失效使得H公司的财务状况恶化，并对运营产生了连锁反应。首先，由于营业收入下滑，公司不得不采取裁员和成本削减措施，以维持财务平衡。2024年，H公司宣布计划裁减8 000至10 000名员工。大规模裁员不仅削弱了公司的创新能力，还影响了员工士气，进一步阻碍了业务发展。

其次，H公司的股价也因业绩不佳而大幅波动。2024年，公司发布的财报未能达到市场预期，引发了投资者的强烈反应，导致股价一度大跌超过12%。投资者信心的丧失，加剧了市场对H公司未来发展的担忧，公司面临着更大的经营压力。

此外，H公司还在供应链管理方面遭遇困难。由于需求下降，供应链上游的零部件采购计划频繁调整，导致与供应商的合作关系紧张。同时，公司在应对贸易摩擦和关税变化时准备不足，进一步增加了成本压力。这些内部和外部风险的叠加，使H公司陷入了业务衰退的恶性循环。

H公司的失败在于未能将市场变化及时纳入风险管理体系。尽管公司高层对PC市场的下滑趋势有所预见，但在具体的战略调整上行动迟缓。公司过度依赖传统业务，而缺乏对新兴领域的积极探索。此外，H公司的内部沟通和信息传递效率不高，导致各部门在执行战略时缺乏协调，未能形成有效的应对措施。

从H公司的案例中可以看出，市场风险的失控会对企业的财务、运营、供应链和市场声誉产生多方面的负面影响。企业如果不能及时调整战略、预见市场变化，就可能在竞争中处于不利地位，甚至陷入危机。H公司的教训表明，仅依靠传统优势无法保证企业的长期成功，动态的市场环境需要更敏捷的风险管理体系。

第三节 风险防控体系的建立与完善

某国内知名电商平台曾在短短几年内迅速成长为行业巨头，凭借庞大的用户量和精细化的营销策略，几乎占据了部分细分市场。然而，在其快速扩张的背后，风险防控体系的缺失逐渐显露。平台曾因未能及时识别和防范恶意刷单、虚假交易等风险，导致商户与消费者利益受损。更糟糕的是，平台的内部管理和数据安全也频频出现问题，多次发生用户数据泄露事件，令消费者的信任度骤降。

这些问题接连爆发后，平台一度陷入舆论风暴，面临巨额赔偿和监管部门的处罚。虽然该平台后来通过整改和引入更严格的风险管理措施逐步恢复元气，但这一系列危机给企业造成的损失不可估量，品牌形象一度陷入低谷。

这起事件再次提醒我们，建立健全的风险防控体系对于企业的健康发展至关重要，尤其是在企业规模不断扩大的过程中，忽视风控将会带来致命的打击。

建立和完善风险防控体系是企业规避风险、保持长期竞争力的重要保障，如图 3-3 所示。面对复杂多变的市场环境，企业必须有一套完善的防控机制，以应对潜在的风险和突发危机。以下是风险防控体系构建的四个关键要点，每一个都对企业的运营至关重要。

风险防控体系的建立与完善

1. 建立清晰的风险识别机制：提前发现问题
2. 制定有效的应急预案：做好最坏的打算
3. 构建稳固的内部控制机制：管控好每一个环节
4. 持续改进与优化：风险防控是一个不断迭代的过程

图 3-3　风险防控体系的建立与完善

1. 建立清晰的风险识别机制：提前发现问题

企业要有效防控风险，首先要做到准确识别潜在风险。清晰的风险识别机制能够帮助企业发现运营中潜在的威胁和漏洞。例如，通过建立风评估小组或部门，定期分析公司业务中的关键风险点，从市场波动、政策变动、技术升级等各个角度全面评估。

企业可以利用数据分析工具和预测模型，提前捕捉到可能影响运营的风险。比如，通过对客户行为的深入分析，可以发现潜在的支付风险、信用风险等。此外，定期与行业专家和监管机构保持沟通，及时了解外部环境的变化，也有助于风险的提前识别。

2.制定有效的应急预案：做好最坏的打算

在企业运营中，突发事件的发生往往难以避免，因此制定详细的应急预案显得尤为重要。一个完备的应急预案不仅要包括应对具体风险的步骤，还应明确每个部门和员工在应急中的职责分工，确保问题发生时能够快速响应。

例如，某些公司会针对自然灾害、数据泄露、供应链中断等不同类型的风险，设立专项应急预案。当危机爆发时，企业应能迅速组织内部资源，按照预定方案执行，最大限度地减少损失。此外，企业应定期开展应急演练，确保每个员工都能熟悉操作流程，并在实际情况下迅速执行。

3.构建稳固的内部控制机制：管控好每一个环节

内部控制机制是风险防控体系中的重要一环。通过建立严格的内部审核和监管流程，企业可以有效减少操作失误和管理漏洞，确保每个业务环节都能在规定的标准下运行。例如，在财务管理中，建立多层级的审核机制可以防止财务造假或账目不清的问题。

同时，企业应当定期进行内部审计，检查各个部门的运营情况和管理规范，识别出潜在的操作风险。特别是对于数据和信息安全，企业应加强技术防护，避免因技术漏洞导致的安全隐患。通过优化内控流程，企业能够在日常运营中实现风险的有效管理。

4. 持续改进与优化：风险防控是一个不断迭代的过程

风险防控体系不是一成不变的。随着外部环境的变化，企业的风险类型也会发生变化。因此，企业必须定期评估并优化现有的风控机制，确保其能够应对新的风险挑战。例如，某些企业在应对网络安全风险时，可能需要不断升级防护技术，才能抵御最新的黑客攻击手段。

企业还应鼓励员工和管理层主动反馈风控中遇到的问题，通过内部讨论和外部专家指导，不断调整风险防控策略。定期对已有的风险防控体系进行审查和更新，确保每一个防控措施都能够与时俱进。

案例链接

E集团的全球化管理经验

E集团自20世纪90年代开始实施国际化战略，逐步进入欧洲、北美洲、南美洲等多个市场。随着业务的全球扩展，E集团面临的挑战也日益增多。

例如，法律法规差异：不同国家对产品标准、数据保护和税务有各自的严格规定，企业必须熟悉并遵守当地法律，避免触犯法规；市场波动：E集团的产品销售高度依赖消费者需求，而经济周期、贸易战和汇率波动等因素会对其销售收入产生影响；供应链管理复杂：全球采购和物流网络使供应链管理变得更加复杂，特别是突发事件（如自然灾害）会对生产与交付造成干扰。

为了在这样的背景下保持竞争力，E集团认识到必须构建一套系统性、动态化的风险防控体系。E集团是这样重新构建它的风险管理体系的。

1. 建立风险识别和预警系统

E集团在全球市场的各个业务单元中设立了风险管理团队，

实时跟踪市场动态和政策变化。例如，在进入欧盟市场时，公司提前分析了欧盟发布的《通用数据保护条例》的影响，确保数据处理符合合规要求。此外，E集团开发了内置预警功能的信息管理系统，对潜在的法律、市场和财务风险进行实时监控，及时向管理层发出警示。

2. 风险分类管理与应对策略制定

E集团的风险防控体系根据风险类型和重要性将其分为战略风险、运营风险、财务风险和合规风险。针对不同类型的风险，公司制定了细化的应对方案。例如，针对汇率波动带来的财务风险，E集团采用了远期合约和自然对冲等策略，以减少汇率变动对利润的冲击。针对市场需求波动，公司通过大数据分析预测消费趋势，并动态调整生产计划。

3. 内外协同的合规机制

E集团在各个主要市场均设立了本地化的合规团队，以确保对当地法律法规的准确理解和执行。同时，公司与外部法律顾问、会计师事务所和行业协会建立了紧密合作关系，及时获取政策更新和行业信息。这种内外协同的合规机制帮助E集团有效降低了法律风险，并提高了应对监管审查的效率。

4. 应急管理和快速响应体系

为应对突发风险事件，E集团建立了完善的应急管理机制。2024年，公司迅速调整了生产和物流计划，通过本地化供应链减少跨境运输的依赖。同时，E集团的危机响应团队在第一时间启动应急预案，确保供应链的稳定和业务的连续性。这种灵活高效的应急管理体系，保证了E集团在2024年的业务稳定，并抓住了市场反弹的机遇。

通过全面的风险防控体系，E集团在国际市场中不仅规避了重大风险，还实现了持续增长。2024年，尽管全球市场受到一些客观因素的影响，但E集团的国际销售收入逆势上扬，同比增长了10%。此外，公司在欧美市场的品牌影响力不断提升，成为多个国家消费者的首选品牌之一。

E集团的成功经验表明，风险管理不仅是被动防御，更是企业提升竞争力的主动工具。系统化的风险识别、分类管理、内外协同和应急响应机制，使企业能够在复杂环境中游刃有余。对于希望在全球市场扩展业务的企业而言，E集团的风险防控体系提供了有力的参考：

第一，前瞻性风险识别。企业必须提前识别潜在风险，避免临时应对带来的被动局面。

第二，本地化合规管理。在不同市场开展业务时，企业应结合当地法律和市场特点，灵活制定合规策略。

第三，快速应急反应。突发事件中，企业的快速应对能力将直接影响业务的持续性与市场表现。

第四章 合规：企业的隐形盾牌

在日趋复杂的商业环境中，合规不仅是一种法律要求，更是企业实现可持续发展和提升核心竞争力的关键要素。它是企业抵御内外部风险的一道"隐形盾牌"，贯穿于企业的运营、管理和文化之中。本章首先从理论层面解读合规的概念及其在现代企业管理中的重要性，深入探讨合规如何帮助企业在竞争激烈的市场中保持合法性和信誉度。同时，合规不仅关乎当下，更关乎企业的长远发展。我们将从短期与长期的视角剖析合规投入的投资回报比，揭示其对企业整体价值创造的潜在作用。此外，本章还将聚焦合规文化建设的重要性，分析如何将合规理念从单纯的制度要求转化为企业日常管理和员工行为中的自觉行动。通过这些内容，本章旨在为企业提供一套更具实践意义的合规管理思路，帮助其在风险防控与价值创造中找到平衡点。

第一节 合规概念的解读与重要性

在一片广袤无垠、生机盎然的亚马逊雨林中，有一只色彩斑斓的蝴蝶，在晨光的照耀下轻轻扇动了它那娇小而精致的翅膀。这看似微不足道的一扇，却如同在宁静的湖面上投下了一颗石子，激起了层层涟漪，最终意外地引发了遥远地方的一场狂风暴雨。这便是著名的"蝴蝶效应"，一个源自自然界，却在人类社会的各个领域被广泛引用的深刻哲理。

"蝴蝶效应"这一概念，最初由知名气象学家洛伦茨于1963年提出。洛伦茨是一位杰出的气象学家和数学家，他在研究大气运动时，偶然发现微小的初始条件差异，竟然可以导致长期预测结果的巨大差异。"蝴蝶效应"不仅在气象学领域具有深远意义，更被广泛应用于经济学、社会学、心理学等多个领域。

对于企业来说，合规管理就如同那片雨林中的蝴蝶翅膀。在日常运营中，企业可能会面临各种合规挑战，比如税务改革、行业监管政策的调整等。这些挑战看似微小，但如果企业未能给予足够的重视和及时有效的应对，就可能像蝴蝶翅膀扇动引发的气流一样，逐渐放大为一系列连锁反应，最终给企业带来无法预料的重大危机。

在全球化和数字化的时代背景下，企业面临的外部监管和法律要求越来越复杂。合规不再仅仅是履行义务或应对突发监管问题，而是企业实现长期稳定和可持续发展的关键。以下几个要点解析了合规的概念和它对企业的战略意义，如图4-1所示。

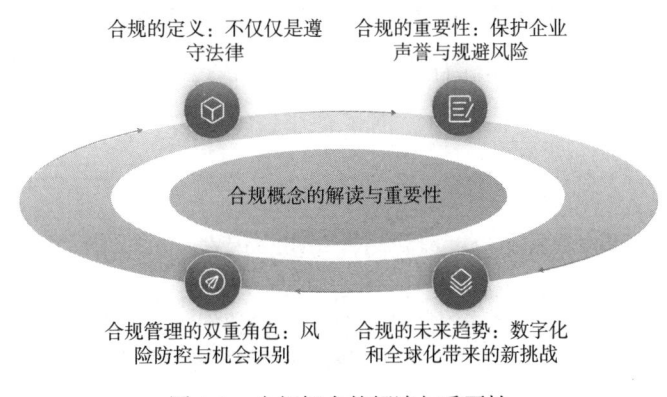

图4-1 合规概念的解读与重要性

1.合规的定义：不仅仅是遵守法律

合规的基本概念可以简单理解为企业在经营活动中遵守法律法规的行为。然而，现代企业的合规远不止于此。合规不仅包括遵循现行的法律法规，还涉及行业规范、道德准则、企业内部制度等各个层面。企业需要在各种复杂的监管环境中运作，确保自身行为符合外部监管要求和内部管理规则。

例如，财务合规要求企业准确、透明地记录和报告财务信息，环境合规则要求企业采取措施减少对环境的影响，而数据合规意味着企业必须依法处理和保护用户数据。不同领域的合规要求，不仅是企业避免法律风险的手段，也是赢得社会信任的重要方式。

2.合规的重要性：保护企业声誉与规避风险

合规的重要性在于它能够保护企业的声誉并规避潜在风险。对于一个企业来说，声誉是无形的资产，而一旦卷入合规问题，企业的声誉可能会在短时间内受到毁灭性打击。比如，消费者可能会因为公司违反数据隐私规定而失去信任，投资者也可能因企业的违规行为而对未来发展前景感到担忧。

合规管理不仅能防止企业受到法律制裁和经济损失，还能提高企业在市场中的诚信度和竞争力。特别是在当今信息传递迅速的时代，任何违规行为都有可能通过媒体和社交网络迅速传播，对企业造成严重的负面影响。因此，合规既是防护机制，也是企业赢得客户、合作伙伴和市场信任的基础。

3.合规管理的双重角色：风险防控与机会识别

合规管理不仅是防控风险的工具，它也能帮助企业识别新的发展机会。通过建立和维护完善的合规机制，企业能够及时适应新的监管环境，抓住市场变化带来的机会。例如，越来越多的国家和地区对数据隐私保护提出严格要求，企业如果能提前调整数据管理策略，不仅可以防范违规风险，还能树立品牌形象，赢得更多消费者的青睐。

此外，在环境、社会责任和公司治理方面，合规要求正在成为全球市场竞争的新标准。积极响应并符合这些新标准的企业，不仅能够提高市场认可度，还可能获得更多资本和客户的青睐。因此，合规管理已经超越了单纯的合规要求，成为企业可持续发展的战略性资产。

4.合规的未来趋势：数字化和全球化带来的新挑战

随着全球经济的日益数字化，企业的合规要求也在不断变化和升级。企业不仅需要适应本国的法律法规，还需要应对国际市场中的合规要求。这使得跨国企业在不同国家之间运营时，必须具备灵活的合规策略。特别是在数据安全、跨境税收等方面，全球不同地区的合规标准千差万别，企业若不提前布局，极有可能因不合规而遭受重创。

同时，合规管理的数字化转型也是未来趋势之一。大数据、AI等新技术正在帮助企业更高效地识别和管理合规风险，提高合规效率。然而，数字化同样带来了新的挑战，例如数据隐私保护、网络安全等，都需要企业持续关注并采取有效措施应对。

第二节 合规与企业可持续发展的关系

近年来，随着全球市场对企业合规要求的不断提高，许多国内企业都在积极探索合规管理与可持续发展之间的平衡。以美的集团为例，这家知名的电器制造企业不仅在国内市场取得了巨大成功，还通过合规管理打通了全球市场。美的集团早早意识到合规与国际化战略的紧密联系，在扩展海外业务的同时，严格遵守当地法律法规，尤其是在环境保护和劳动法方面的要求。这一合规策略帮助美的稳步开拓全球市场，提升了企业的声誉和国际影响力。

与之相对，另一家快速崛起的互联网公司却因为忽视合规问题，陷入了严重的市场危机。这家公司在国内发展迅速，但在急于拓展国际业务时，却由于对欧洲地区的数据隐私法规未给予足够重视，导致巨额罚款和用户流失，最终影响了公司的全球化战略。这一案例凸显了企业在追求快速发展的同时，忽视合规可能带来的巨大风险。

在现代商业环境中，合规管理不仅是企业合法运营的基础，更是实现长期可持续发展的重要保障。企业要在日益复杂的监管环境和市场竞争中生存与发展，必须将合规管理与企业的整体战略紧密结合。以下几个方面深入探讨了合规与企业可持续发展的关系，如图4-2所示。

```
合规与企业可持续     1  合规促进企业的长远稳定发展
发展的关系           2  合规提升企业社会责任和公众形象
                    3  合规推动企业创新和业务优化
                    4  合规帮助企业赢得全球市场信任
```

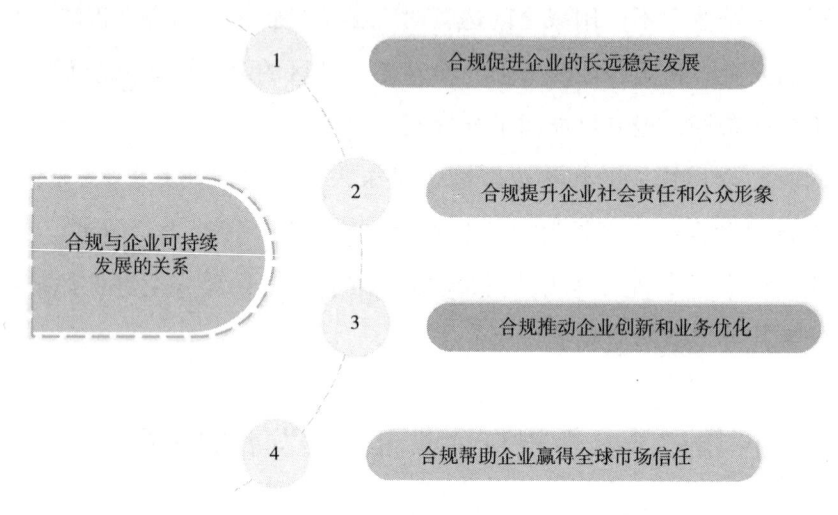

图4-2　合规与企业可持续发展的关系

1. 合规促进企业的长远稳定发展

企业的发展不仅仅是追求短期的利润增长，更需要注重长远的稳定和可持续性。合规管理作为企业经营的法律底线，可以有效防范潜在的法律和声誉风险，减少企业在经营过程中可能遇到的重大危机。例如，美的集团在环保法规方面的严格合规，不仅帮助企业规避了罚款和法律纠纷，还赢得了消费者和市场的信任。这种长期的信任积累，增强了美的的品牌形象和竞争力，最终推动了企业的持续发展。

相反，那些忽视合规要求、铤而走险的企业，常常会因违规行为遭受巨大的损失。尤其是在环境保护、数据安全、劳动法等敏感领域，违规行为不仅可能导致巨额罚款，还可能引发公众的广泛抵制和信任危机，影响企业的可持续发展。企业通过完善合规体系，可以更好地规避这些风险，确保在市场中的稳步前行。

2. 合规提升企业社会责任和公众形象

可持续发展不仅仅涉及经济层面的增长,还涵盖了企业对社会和环境的责任。随着全球对环境、社会和治理因素的重视,合规已经成为企业践行社会责任的重要途径。通过遵守环保法规、保障员工权益、维护客户隐私等方式,企业不仅能够履行法律义务,还能塑造良好的社会形象,从而提升市场竞争力。

在这方面,一些领先企业如比亚迪,通过积极响应国家的环保政策,推出环保电动汽车产品,得到了市场和政策的双重支持。这不仅让比亚迪在国内外市场上树立了绿色先锋的形象,也让其在全球电动车市场中占据了重要位置。合规不仅帮助企业履行社会责任,还可以作为一种竞争优势,为企业带来更多发展机会。

3. 合规推动企业创新和业务优化

很多企业认为合规会限制其创新发展,然而,恰当的合规管理可以推动企业的业务优化和创新。例如,国内某些金融科技企业在监管压力下,通过创新技术来优化业务流程,满足日益严格的金融监管要求。这种合规驱动的创新不仅使企业合法合规地开展业务,还提升了业务效率和用户体验,形成了新的竞争优势。

当企业主动适应并拥抱合规要求时,它往往能够发现新的商业机会。比如,许多企业在应对数据保护法规时,开发了更为先进的数据管理技术,既提高了用户的信任度,又提升了数据管理效率。这表明,合规不仅是对企业行为的限制,也可以成为推动企业创新的动力源。

4. 合规帮助企业赢得全球市场信任

全球化的背景下,合规管理成为企业开拓国际市场的重要保证。不同国家和地区有着不同的法律法规，企业如果想要进入国际市场，必须具备高度的合规意识，避免因为不熟悉当地政策而造成巨大的商业损失。企业通过合规运营，不仅能够赢得国际市场的信任，还能减少法律风险，提升全球竞争力。

以美的集团为例，其在拓展欧美市场的过程中，始终严格遵守当地的环境保护、安全和劳动法规定，这不仅帮助其成功打开了国际市场的大门，还赢得了当地消费者的认可。反之，那些不重视合规管理的企业，往往在国际市场遭遇重创。通过合规管理，企业能够更好地适应国际化环境，为全球化战略奠定坚实基础。

案例链接

合规与企业可持续发展的关系
——Y车企的绿色合规之路

在全球气候变化和能源危机的背景下，新能源汽车行业逐渐兴起，环保合规逐步成为汽车企业迈向可持续发展目标的关键路径。作为国内新能源汽车市场的龙头之一，Y车企自2020年以来在新能源车的生产过程中严格遵守环保法规，持续推行绿色生产标准，通过合规管理带动企业可持续发展，成功建立了新能源汽车行业的绿色标杆。

一、案例背景：新能源车的合规需求与市场压力

Y车企成立于2003年，经过多年深耕，逐步在国内外新能源汽车市场崭露头角。伴随中国"双碳"政策实施和《新能源汽车产业发展规划（2021—2035年）》发布，Y车企面临更严格的环保要求。我国政府设定的2025年汽车总产销量中新能源汽车占比达到20%的目标，为Y车企创造了巨大市场机会，但同时也意味着企业需要强化合规标准，确保生产链条每个环节符合环保规定，以避免碳排放指标违规、生产污染等合规风险。

此外，随着国内外市场环保政策的日益严格，Y车企面临着双重合规压力。在欧洲市场，其销售的新能源车产品必须符合欧盟EVP环保指令的绿色标准；而在国内市场，不断趋严的《中华人民共和国大气污染防治法》也对企业提出了更高要求。在这样双重合规需求的压力下，Y车企着手构建绿色环保合规体系，借助合规管理实现业务可持续增长。

二、关键合规举措：构建全面的环保合规体系

Y车企在生产、采购、研发和产品回收等方面建立了严格的环保合规体系，具体包括原材料采购、清洁生产、废物管理、排放监控和产品生命周期管理等模块。2020年，Y车企发布了《绿色生产与合规管理白皮书》，详细制定了企业的环保生产标准和流程，为汽车生产全周期提供了合规依据。

1. 绿色采购标准的制定与实施

Y车企在原材料采购上，制定了严苛的绿色标准，明确要求供应商提供环保材料，并接受第三方环境认证。公司优先选择低污染、可再生材料供应商，从源头减少污染物的引入。例如，Y车企的动力电池供应链上，与多家符合ISO 14001环境认证的公司合作，确保电池材料在生产过程中减少重金属和有害化学物质的排放。据公司统计，仅2024年一年，绿色采购为Y车企节约了约700吨污染物处理成本。

2. 清洁生产：引入绿色技术降低碳排放

在新能源汽车的生产过程中，Y车企不断投资于清洁能源和智能生产系统，推动生产流程低碳化。工厂引入了光伏发电和风能系统，2024年全公司使用清洁能源比例达到70%，预计到2025年年底达到100%。Y车企的生产设备实现了高自动化，通过智能制造和机器人技术减少了人工操作中的能耗。据统计，公司全年的二氧化碳排放量下降了约25%，减少了合规成本，也降低了生产能耗。

3. 废物管理和排放监控系统

针对电池生产中产生的固体废物和废水排放，Y车企在工厂内实施了严格的废物分类和无害化处理制度。生产线上设置了废水净化设备，确保废水中有害物质含量低于国家标准，废水排放达标率达100%。此外，公司废物回收和循环利用措施完善，2024年回收并循环利用生产废物超过3 000吨。公司还投资建立了在线排放监控系统，通过物联网技术实时监测和分析排放数据，一旦发现异常，系统会自动向合规团队发送预警。

4. 全周期管理：构建电池回收与循环利用体系

作为新能源汽车的重要组成部分，电池的使用寿命对环保合规至关重要。Y车企在产品设计初期便考虑电池回收问题，2024年成立了电池回收中心，通过与地方政府合作实现电池的集中回收和再利用。公司推出的"电池回收计划"与全国50多家服务网点联动，仅一年便成功回收使用过的电池逾1万块，回收率达到95%，有效减少了电池报废带来的环境负担。此外，回收的电池经过无害化处理后被用于储能设备，再次为清洁能源应用贡献价值。

三、合规管理成效：合规与可持续发展双赢

Y车企通过全链条的环保合规管理体系，不仅在合规方面取得了优异表现，还为企业的可持续发展带来深远影响。

1. 合规成本降低与环保效益提升

Y车企通过绿色采购、清洁生产和废物管理等措施减少了合规支出。数据显示，2024年公司环保支出比2022年下降了约15%，合规风险事件大幅减少。绿色合规体系帮助Y车企每年降低约1 000万元的合规成本，同时也增强了公司在国内外市场的竞争力。国际知名环保组织2021年将Y车企列为"绿色制造先锋企业"，这一认证提升了公司品牌的环保形象。

2. 市场认可度提升与客户群体拓展

通过遵循严格的环保合规标准，Y车企在国内外市场树立了环保品牌形象，吸引了大量注重环保的消费者。公司2024年市场调研报告显示，约40%的消费者在选择Y车企产品时将"环保合规"作为重要考虑因素。企业的绿色品牌效应使其市场份额在高端新能源车领域持续提升，2024年上半年销量较2023年同期增长20%。

3. 可持续发展与创新能力增强

Y车企通过落实绿色合规政策，将环保要求与技术创新相结合。公司每年投入销售收入的10%用于新能源技术的研发，在电池回收、电动机能效提升和车载太阳能系统等方面不断创新。合规驱动的技术革新使Y车企的新能源汽车续航能力提高了约30%，提升了用户体验。

此外，Y车企的清洁能源和可再生材料创新为其他企业提供了示范，为推动全行业的可持续发展提供了宝贵的实践经验。

四、案例启示：合规推动企业实现可持续发展的关键策略

Y车企的环保合规管理经验为新能源汽车行业提供了丰富的借鉴。以下是Y车企在合规推动企业可持续发展方面的关键策略：

1. 建立全链条的绿色合规体系

Y车企的绿色合规体系贯穿了生产、采购、废物管理和产品回收等环节，形成了完整的合规链条。通过全链条的合规体系，Y车企能够在每个环节上确保符合环保标准，同时将合规风险降至最低。

2. 借助数字化技术实现实时监控

Y车企通过数字化监控系统实现了生产和排放的实时监控。数字化合规管理的自动化、即时性使企业能够快速识别和解决环保违规问题，提升了合规效率。

3. 强调合规与创新的协同发展

Y车企的合规管理不仅限于遵循政策，还将环保合规视为技术创新的动力，通过在电池回收、清洁能源利用等方面的技术革新推动可持续发展。这一策略为企业带来了更高的市场认可度和创新能力，实现了环保与经济效益的双赢。

第三节 合规文化：从理念到行动的转变

近年来，国内一家知名的跨境电商企业在快速扩张中遭遇了严重的合规问题。最初，这家公司依靠快速创新和市场扩展在行业内崭露头角，但随着公司规模的扩大和业务复杂度的增加，管理层忽视了合规文化的建设，尤其是在数据保护和税务合规方面的漏洞逐渐显现。最终，公司因不当处理用户数据而受到监管部门的调查，并面临高额罚款，导致股价暴跌、品牌声誉受损。

与此同时，另一家本土成长起来的科技公司通过成功转型合规文化，实现了稳健的业务扩展。这家企业在初期也经历了高速发展的阵痛期，但在意识到合规风险后，管理层迅速采取行动，从理念入手，构建了全新的合规文化体系。通过加强内部管理、培训员工及规范业务流程，企业不仅解决了潜在的合规风险，还增强了在国际市场的竞争力。

这些案例展示了合规文化在企业成长中的关键作用。从短期来看，合规可能被视为一种负担，但从长期看，它是保障企业稳健发展的基石。

合规文化不仅仅是遵守法律法规，它反映了企业对自身运营规范和社会责任的认知与态度。推动合规文化的转型，不只是管理层的任务，而是要通过企业各个层级的认同和行动，实现从理念到行为的全面落地。以下几个关键要点，阐述了合规文化从理念到行动的具体转变，如图4-3所示。

1. 合规不仅是法规要求，更是企业的竞争优势
2. 从上而下推动合规文化：管理层的责任与承诺
3. 合规培训：将理念融入日常运营
4. 建立持续改进机制：合规文化的动态管理

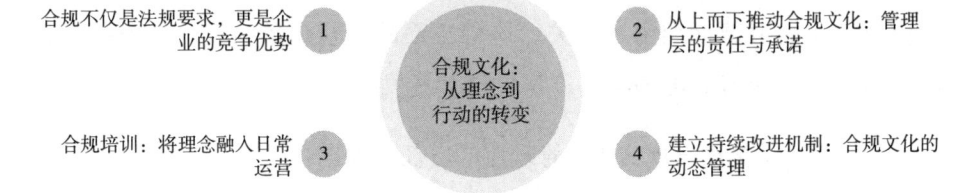

图4-3　合规文化：从理念到行动的转变

1. 合规不仅是法规要求，更是企业的竞争优势

在当今复杂多变的商业环境中，合规不仅仅是为了满足政府和法律的要求，而是成为企业战略中的重要组成部分。过去，许多企业将合规视为一项强加的义务，认为这是增加成本和减少灵活性的原因。然而，随着监管环境日益严格，合规的意义已经超越了简单的法规遵循，成为企业在竞争激烈的市场中获得优势的关键因素。

合规是一种建立市场信誉的有效工具。通过遵循法规和行业标准，企业能够向客户和合作伙伴传递出可靠与可信的形象。这种市场信誉直接转

化为客户的信任，而信任则是商业成功的基石。例如，在如今信息安全和隐私保护备受关注的背景下，那些在数据保护上建立了完善合规体系的企业，往往能够在数据泄露频发的时代赢得用户的高度信任。这不仅帮助企业避免巨额罚款或诉讼，还使其在市场中脱颖而出。

合规也是企业降低法律和监管风险的有效手段。法律的违背可能给企业带来高额罚款、市场禁令，甚至在严重情况下会导致企业关闭。通过构建稳固的合规框架，企业可以有效减少这些风险，防止因违规行为导致的重大损失。因此，合规不应仅被视为一种消极的成本支出，而应当认识到它带来的长期市场优势及对企业稳定发展的深远影响。

合规为企业提供了一种道德上的竞争优势。随着消费者日益重视企业的社会责任，那些积极推行合规的公司，尤其是在环境、社会责任和治理方面表现突出的企业，能够吸引更多的投资者、合作伙伴和消费者。合规文化与企业的道德标准密切相关，这种正面的公众形象有助于提升品牌价值，并在竞争激烈的市场中获得更广泛的支持。

2. 从上而下推动合规文化：管理层的责任与承诺

合规文化的构建需要从企业的最高管理层开始，管理层的承诺与领导作用对企业整体的合规文化至关重要。企业领导者需要明确表达出对合规的重视，并通过具体行动展现这一承诺。管理层不仅要负责制定企业的合规战略，还应确保整个公司在实践中贯彻这些政策。

管理层的榜样作用至关重要。在一个具有强大合规文化的企业中，高管们不仅是政策的制定者，更是执行者。他们的行为为全体员工树立了榜样，展现了企业对合规零容忍的态度。当管理层对合规表现出高度的重视时，员工也会相应地更认真对待这一问题。

为了推动合规文化的深入，许多成功的企业建立了专门的合规管理部门，负责监督各项业务是否符合相关规定。这一部门不仅在合规体系的实施中发挥着关键作用，还定期对公司的合规状况进行审查，确保企业在快速变化的市场环境中始终保持与法规要求一致。同时，管理层应定期与员工分享合规文化的核心理念，强调合规对公司长期发展和竞争优势的重要性。只有当管理层真正承担起推动合规文化的责任，企业的合规氛围才能从上至下渗透并形成制度化。

3. 合规培训：将理念融入日常运营

合规文化的落实需要通过对员工的持续教育和培训来实现。仅仅依靠政策和制度的设定是不足以确保合规的，合规培训能有效帮助员工在实际工作中理解并遵守相关法规要求。

通过系统化的培训，企业不仅能增强员工的合规意识，还能明确他们在日常操作中需要遵循的行为准则。尤其是在高风险行业中，定期的合规培训至关重要。例如，金融企业必须通过培训让员工了解反洗钱法规和防止金融诈骗的具体操作要求，而科技企业则需通过培训强化员工对数据保护和隐私法规的理解。这种持续的培训能够帮助员工更好地识别潜在的合规风险，并为其提供应对这些风险的工具和知识，从而降低违规行为的发生概率。

此外，合规培训还能促进企业文化的转型，将合规理念融入日常运营的每一个环节。通过将合规理念具体化、可操作化，员工不仅会意识到合规对公司整体发展的重要性，还会理解到他们在维护企业合规体系中的关键作用。这种从"知"到"行"的转变，是推动合规文化长期有效的重要途径。

4. 建立持续改进机制：合规文化的动态管理

合规文化不是一成不变的。随着法规的不断更新及市场环境的变化，企业必须具备灵活应变的能力，持续改进其合规机制，以确保其合规体系始终符合最新的法律法规和市场需求。

要做到这一点，企业需要建立持续监控和反馈机制，确保合规文化能够动态管理。内部审计和第三方评估是发现企业合规管理中潜在问题的有效途径，企业可以通过这些手段识别出管理中的漏洞，并及时采取措施进行修正。例如，一些行业的监管规定变化较快，如金融、医疗和科技行业，因此企业需要紧密关注政策动态，随时更新合规流程以应对新的挑战。

合规管理的持续改进还应包括对员工反馈的重视。员工往往在一线操作中能够发现流程中的合规问题，企业应鼓励他们提出建议或报告违规行为，以确保合规文化的落地。通过这样的机制，企业不仅能够防止违规行为的发生，还能保持合规文化的有效性和持续性，确保在动态的市场和法律环境中始终处于主动地位。

第四节　合规投资回报分析：短期与长远的视角

2021年，一家以高科技创新闻名的制造企业——智芯科技，因其强大的创新能力和敏捷的市场应对能力在业内声名鹊起。然而，在发展过程中，智芯科技曾面临一个艰难的选择：是否要大规模投入合规建设。初创时期，公司快速增长的业务让管理层忽视了某些领域的合规问题。直到某次因环保监管不合格，公司被处以巨额罚款，并且因其生产过程中违反了环保标准，导致部分客户取消了订单。这次教训让智芯科技意识到，合规建设不仅仅是避免法律风险，更是对公司信誉和客户信任的维护。

在痛定思痛后，智芯科技决定大力投资于合规管理，不仅从法律合规、环境合规等方面严格遵守规定，还聘请了专门的合规团队负责日常管理。这一决定在短期内给公司带来了不小的成本压力，管理层一度面临资金紧张、利润下滑的局面。然而，随着时间的推移，客户对公司合规运营的认可度逐渐上升，公司的信誉在行业内迅速提升。两年后，智芯科技不仅恢复了失去的订单,还吸引了更多国际客户,凭借严格的合规管理获得了更多市场机会。

通过这个案例可以看到,企业在合规方面的投入,虽然在短期内看似成本巨大,但其长远的回报往往更为丰厚。合规建设不只是对风险的防范,更是企业在行业中立足和赢得信任的关键。

在企业管理中,合规投资常常被视为一项成本,尤其是在短期内,企业可能会感受到来自资金、资源和时间上的压力。然而,合规投资不仅仅是规避法律风险,更是在为企业的长期发展夯实基础。从短期到长期,合规投资的回报潜力巨大,以下几个方面可以帮助我们更好地理解合规投资的价值,如图4-4所示。

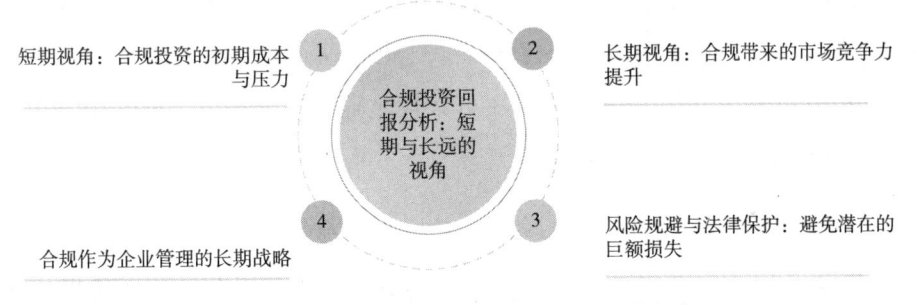

图4-4 合规投资回报分析:短期与长远的视角

1. 短期视角:合规投资的初期成本与压力

在短期内,合规投资往往被视为增加了企业的运营负担。企业需要耗费资金进行制度建设、员工培训、系统升级等工作。同时,合规审查和管理过程的复杂性,可能会降低企业的运营效率,尤其是在初期,企业会感到其利润空间被压缩。

例如,一些中小企业在合规建设中,必须投入大量资源确保税务、环保、数据安全等方面的合规性。短期内,这些投入可能看不到明显的收益,甚至会因为管理流程变得更为复杂,而导致生产效率的暂时下降。然而,这些短期的"成本",实际上是为了避免未来可能发生的更高额的法律和市场代价。例如,如果智芯科技未在早期进行合规投资,未来可能会面临更严重的处罚或失去重要的客户。

2. 长期视角:合规带来的市场竞争力提升

从长远来看,合规投资的回报远远超出初期的成本。首先,合规投资有助于提升企业的信誉度。企业通过遵守相关法律法规,建立透明、规范的运营体系,不仅能够增强客户和合作伙伴的信任感,还能够为企业赢得更多的市场机会。

特别是在环保、数据安全等高风险领域,企业的合规表现往往成为客户选择的重要参考标准。智芯科技通过合规投资,逐渐建立了行业内的标杆形象,客户对其品牌的信任感增强,这也帮助企业在日趋激烈的市场竞争中脱颖而出。此外,合规投资还可以使企业减少未来潜在的法律风险,从而避免高额的罚款和诉讼费用。

3. 风险规避与法律保护:避免潜在的巨额损失

合规建设不仅能提升企业的形象,还能有效规避未来的法律风险。企业在缺乏合规管理的情况下,可能会面临巨额罚款、法律诉讼,甚至业务中断等风险,这些风险往往会给企业带来毁灭性的打击。而通过提前做好合规布局,企业可以避免这些潜在损失,为未来的稳健发展保驾护航。

例如,国际市场对环保、数据安全等领域的合规要求日益严格。那些未能及时遵守相关法律的企业,将面临市场准入障碍及巨额罚款等风险。在智芯科技的案例中,企业早期忽视合规的行为,导致其遭遇了巨额罚款和市场信任危机。通过迅速纠正和大力投资合规体系,企业在短期内承受了一定的成本压力,但最终避免了更大规模的市场损失和法律惩罚。

4. 合规作为企业管理的长期战略

合规投资不仅仅是企业应对法律的手段，更是提升管理水平、优化运营流程的长远策略。通过建立系统化的合规管理，企业可以优化内部流程，减少人为错误，提升运营效率。长期来看，合规不仅能帮助企业降低法律风险，还能使企业运营更加高效、规范，进而提升整体的竞争力。

例如，智芯科技在合规投资后，通过全面优化其生产流程和管理系统，不仅减少了违规风险，还大幅提升了整体的生产效率和管理水平。这样的投入在未来的运营中逐渐显现出效益，企业的市场份额和利润率稳步上升。

> **案例链接**
>
> **合规投资回报分析：短期与长远的视角**
> **——M 外卖平台的案例**
>
> 2021 年，随着国家对外卖平台和食品安全监管的力度增大，M 外卖平台面临的合规挑战不断增加。在此背景下，M 外卖平台决定建立一套系统化的合规管理体系。具体举措包括：
>
> 1. 短期投资：应对监管压力与提升运营效率
>
> （1）食品安全标准升级
>
> M 外卖平台投入资金开发了智能监管系统，对平台上的餐饮商家进行实时监控。系统通过 AI 算法识别商家上传的菜单和资质信息，自动筛选出违规商家，并及时进行下架处理。此外，M 外卖平台要求商家上传营业执照、卫生许可证等资质，并建立了第三方巡查团队，对商家门店进行抽查。这些措施有效减少了食品安全事故，降低了平台的运营风险。

（2）数据保护与信息合规

面对《中华人民共和国个人信息保护法》（以下简称《个人信息保护法》）的出台，M外卖平台成立了数据合规专项小组，负责审查平台的数据收集与使用流程。公司引入了数据加密技术和权限管理体系，确保用户数据在采集、存储和传输过程中得到严格保护。同时，M外卖平台在App内增加了隐私政策说明和用户授权机制，避免因数据滥用引发法律纠纷。在短期内，这些投入减少了监管审查的频率，避免了巨额罚款和负面舆论风险。

这些短期的合规投资，不仅帮助M外卖平台稳健通过各类监管审查，还提高了平台的运营效率。例如，食品安全合规系统上线后的第一季度，M外卖平台的违规投诉率同比下降了12%，平台上的商家管理也更加高效。

2. 长期收益：品牌价值提升与市场信任积累

合规管理体系的建立不仅帮助M外卖平台化解了短期风险，更带来了长远的竞争优势。

（1）品牌信任与用户忠诚度的提升

由于平台对食品安全的重视和合规措施的透明化，M外卖平台逐渐赢得了消费者的信任。在多个社交平台上，用户对M外卖平台的服务质量和食品安全给予了积极评价。相比竞争对手因食品安全事件而引发的信任危机，M外卖平台的市场占有率稳步提升。

（2）投资者的信心增强

合规管理体系的完善也吸引了更多投资者的关注。在年报中，M外卖平台详细披露了其在食品安全和数据保护方面的合规措施和成果，提升了公司在资本市场的透明度。投资者认为，这些长期的合规投入降低了公司未来的经营风险，使得 M 外卖平台在竞争激烈的市场中具备更强的抗风险能力。2021 年底，M 外卖平台股价在监管风波平息后迅速回升，反映了市场对其合规管理的认可。

（3）长远发展中的业务扩展与创新支持

通过合规体系的建设，M 外卖平台不仅稳固了现有业务，还为新业务的拓展提供了支持。例如，在拓展无人配送、社区团购等新兴领域时，合规体系帮助公司快速应对新规，抢占市场先机。此外，M 外卖平台积极与政府和行业协会合作，参与标准的制定工作，提升了行业话语权和影响力。

3. 启示：合规投资的回报远超成本

M 外卖平台的案例表明，合规管理不仅仅是成本支出，而是一项能带来丰厚回报的长期投资。在短期内，合规体系帮助企业规避了法律风险，提升了运营效率；而从长远来看，它增强了品牌的市场信任，吸引了资本市场的关注，并为企业的业务创新和拓展创造了更多机会。

对于其他企业而言，M 外卖平台的实践提供了重要的启示：

第一，合规不仅是监管要求，更是企业竞争力的来源。

第二，短期投入虽大，但能有效减少法律风险和负面事件带来的隐性成本。

第三，长期的合规投资能累积品牌价值和用户信任，推动业务的可持续发展。

第五章　企业合规的多元化内容

本章将以企业合规的多元化内容为主线，分领域探讨合规管理的不同维度。法律合规作为基础，关注的是企业如何在复杂多变的法律环境中规避法律风险，确保依法经营。财务合规则聚焦财务管理的规范性与透明性，探讨企业如何通过健全的财务审计体系提升管理效率与防范财务舞弊。税务合规则是现代企业绕不开的重点，我们将分析企业在税务合规与履行纳税义务中如何实现合规与降低税负并行。此外，本章还引入了近年来备受关注的环境、社会和公司治理合规，并将环境、社会与治理视为企业承担社会责任的重要维度，探讨其在提升企业形象与长远价值中的作用。本章将帮助读者全面了解合规管理的多元化内涵及其对企业运营的深远影响。

第一节　法律合规：法律法规的遵循与解读

国内某知名在线教育平台（以下简称 X 公司）因违反广告法，在宣传中夸大其师资力量和课程效果，被市场监管部门处以数百万元的罚款。这一事件震惊了教育行业，也让许多中小型企业意识到，忽视法律合规的代价远远超出他们的想象。对于 X 公司而言，这场法律纠纷不仅仅是金钱上的损失，更是对品牌信誉的重大打击。该企业因为不遵循广告法的规定，失去了大量用户的信任，股价一度下跌近 30%，直接影响了公司的市场地位。

从这个案例可以看出，合规不仅是企业生存的基本要求，更是企业长久发展的重要保障。X 公司的失误反映了一个重要的事实：企业必须时刻保持对法律法规的敏感性，及时调整自身的行为和策略，以应对法律环境的变化和挑战。

法律合规是现代企业管理中不可或缺的组成部分。它不仅要求企业严格遵守各项法律法规，更是为了确保企业的长期可持续发展。在当今复杂的法律环境中，法律合规已经超越了单纯的法律遵循，它包含了企业在日常运营、战略规划及风险管理中的全方位考量。以下几个要点将帮助我们更深入理解法律合规的重要性，如图5-1所示。

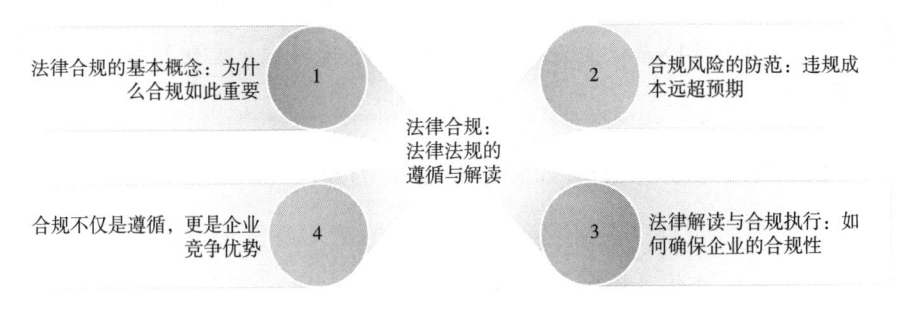

图 5-1　法律合规：法律法规的遵循与解读

1.法律合规的基本概念：为什么合规如此重要

法律合规是指企业在日常运营中，严格遵守与其业务相关的法律法规、行业标准和政策要求。这包括但不限于劳动法、环境法、税法、广告法、知识产权法等多个方面。合规不仅是为了避免法律处罚，更是保障企业正常运营、提升市场信誉的重要手段。

在全球化和信息化的时代，企业所面临的法律环境变得更加复杂和多样。每个行业、每个市场都有不同的法律要求，企业需要根据自身的业务特点，制定适应不同法律环境的合规策略。对于X公司这样的在线教育平台，广告法的合规显得尤为关键，因为它直接关系到消费者的信任和市场的公平竞争。

2. 合规风险的防范：违规成本远超预期

企业如果未能遵守相关法律法规，将面临巨大的法律风险。这些风险不仅包括罚款、停业等直接经济损失，还可能对企业的声誉造成不可逆的伤害。例如，X公司在广告法上的违规，不仅支付了数百万元的罚款，还失去了大量的用户和合作机会，甚至被业内视为"虚假宣传"的负面典型。

违规的成本远远超出了罚款的数字。品牌形象受损，用户流失，股东信任度降低，这些隐性的代价最终可能导致企业陷入持续的市场困境。通过严格的法律合规体系，企业可以有效规避这些风险，避免给业务发展带来不可预测的冲击。

3. 法律解读与合规执行：如何确保企业的合规性

为了确保合规性，企业必须具备深入的法律解读能力，及时跟踪和了解法律法规的变化。例如，数据隐私和保护法律在全球范围内的快速演变，要求企业不仅要遵守本地法律，还需要应对国际法规的挑战。对于跨国企业而言，如何平衡不同国家的合规要求，尤其是在税务、数据保护和反垄断领域，是一个重要的战略课题。

企业可以通过以下几种方式确保法律合规的执行：

第一，建立专门的合规部门。大中型企业通常会成立法律合规部门，负责监控和解读与企业业务相关的法律法规，确保公司的各项操作符合法律要求。

第二，定期进行法律培训。企业应定期为员工，特别是管理层和涉及高风险领域的部门，进行法律合规培训，提升全员的法律意识，确保日常操作的合法性。

第三，与外部法律专家合作。对于小型企业或不具备专门法律团队的公司，可以选择与外部律师事务所或法律顾问合作，确保企业的各项操作都在合法范围内进行。

4. 合规不仅是遵循，更是企业竞争优势

从竞争角度看，法律合规也可以成为企业的战略资产。在一个日益规范化的市场环境中，合规的企业往往能够赢得更多的市场机会和客户信任。那些在合规方面表现优异的企业，通常在市场中拥有更高的品牌公信力，吸引了更多的合作伙伴与投资者。

例如，X 公司在经历广告法事件后，痛定思痛，调整了市场宣传策略，全面提升了法律合规意识。尽管其短期内经历了巨大的危机，但最终通过合规管理的改进，不仅赢回了部分用户的信任，还吸引了更注重合规的投资者。因此，合规不仅仅是避免法律风险的手段，更是企业赢得市场竞争、提升品牌形象的重要策略。

> **案例链接**
>
> **法律合规：法律法规的遵循与解读**
> **——U 公司的案例**
>
> 2023 年，U 公司在全球市场中遭遇了一系列法律挑战，尤其在劳动法规的遵循方面面临重大危机。在多个国家，政府与工会组织质疑其业务模式中将司机视为"独立合同工"而非正式员工的合法性。这一争议引发了法律诉讼和社会批评，给企业的业务运营带来巨大压力。
>
> 1. 劳动法规诉讼引发的危机
>
> U 公司的商业模式核心是共享经济——将司机与乘客通过平台连接。然而，U 公司在多个国家被指控通过"外包模式"规避雇主义务，包括工时限制、最低工资保障、社保缴纳等。
>
> 2023 年 12 月，英国最高法院裁定 U 公司的司机应被视为

"工人"，而非独立合同工。这一判决意味着U公司必须向司机支付最低工资、带薪休假和养老金等福利。这一裁决对U公司产生了示范效应，其他国家和地区纷纷跟进审查其劳动合规情况。

在英国判决之后，法国、荷兰的法院也判定U公司未能为司机履行应有的雇主义务。多个司机团体发起了集体诉讼，要求公司支付拖欠的福利和补偿。这一系列法律行动不仅对U公司的财务产生了严重的影响，也严重损害了品牌声誉。

2.U公司的应对：调整合规政策

面对多国法律诉讼的压力，U公司不得不迅速调整其合规政策，以避免更多的法律风险并恢复市场信任。

在英国，U公司率先将平台司机纳入"工人"范畴，而非传统员工身份。这一调整使司机可以享受最低工资和带薪休假等基本福利，同时仍保留了一定的工作灵活性。U公司希望通过这一模式在法律合规与共享经济灵活性之间找到平衡。

在部分欧洲国家，U公司开始为司机缴纳社会保险，并提供健康福利。这一举措不仅满足了当地劳动法规的要求，还增强了司机对平台的忠诚度。

U公司还成立了专门的合规管理团队，负责不同国家和地区的法律法规研究和合规事务。每个市场的合规团队会根据当地法规变化，及时调整业务政策，确保公司的运营符合法规要求。这些团队的设立确保了U公司能够快速响应法律变动，降低潜在风险。

3.合规调整的效果与启示

通过这些合规调整，U公司逐步平息了部分法律争议，并在多个市场恢复了运营的稳定性。

在英国和荷兰的业务调整后，U公司与司机达成和解，避免了进一步的集体诉讼和高额赔偿。尽管合规调整增加了公司的运营成本，但这种付出换来了市场信任的恢复，也减少了未来的法律风险。

通过积极应对法规挑战，U公司的品牌形象逐渐改善。相比其他共享经济平台，U公司的合规调整为其赢得了更多用户和政府的支持。在欧洲市场的示范作用下，U公司在其他地区的合规实践也得到了推广。

4. 启示：合规是长期投资

U公司的案例表明，法律合规不仅是企业应对危机的手段，更是一种长期的战略投资。

企业在进入市场前，必须详细研究当地的劳动法规，并根据法规调整业务模式，避免因政策不符而遭受法律风险。

随着各国政府对共享经济模式的监管日益严格，企业需要建立专门的合规团队，以快速响应政策变动，保持业务的合规性和灵活性。

尽管合规政策的调整会增加短期成本，但它能为企业赢得长期的市场信任和竞争优势，确保业务的可持续发展。

第二节　财务合规：财务管理与审计的规范化

一家国内知名的健身连锁品牌（以下简称A公司）因财务管理混乱，未能进行有效的财务合规审计，最终导致了公司破产清算。A公司在短短几年内扩展了超过500家门店，市场发展迅速，但财务管理能力并没有跟上扩张速度。为了吸引投资者，该公司夸大盈利预期，隐瞒了部分门店的亏损情况。在后期的财务审计中，外部审计机构发现大量账目不清、收入虚增、支出未如实记录等问题。这不仅影响了投资者的信心，也使得该公司陷入了严重的资金链断裂危机。

在财务合规失控的背景下，A公司无法继续运营，最终破产清算。这个案例反映了企业在财务管理中未能遵循合规要求所带来的巨大风险。对于企业而言，财务合规不仅仅是管理账目，而是企业整体运营中至关重要的一环，它影响着企业的健康发展和市场信任度。

财务合规是企业管理中的一个核心领域，涵盖了财务管理的多个方面，包括会计准则、财务报告、税务合规、预算控制等。企业的财务管理能否规范化，直接决定了其能否在竞争中立于不败之地。下面我们从五个方面探讨财务合规的重要性及关键点，如图5-2所示。

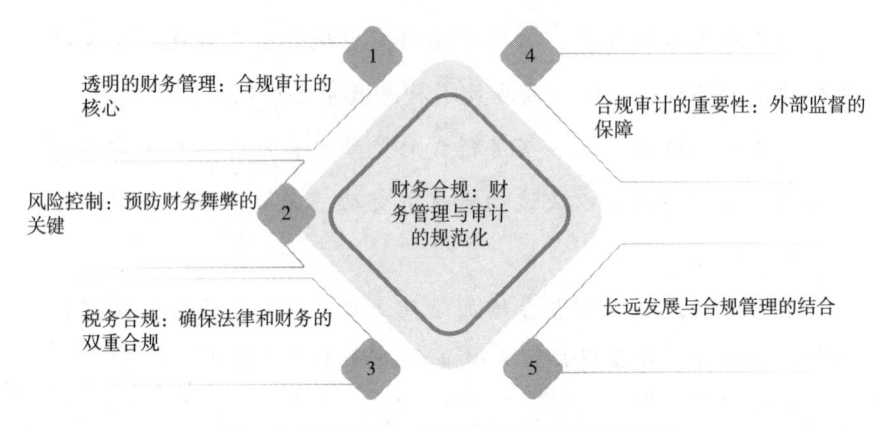

图5-2 财务合规：财务管理与审计的规范化

1. 透明的财务管理：合规审计的核心

财务合规的首要任务是确保企业的财务状况透明、真实。透明的财务管理不仅能够增强公司内部的信任度，也有助于公司对外展示良好的财务健康状况，从而赢得投资者、银行和客户的信任。A公司在其扩张阶段未能实现财务透明，导致了内部决策的失误和外部信任的丧失。

财务透明性的重要性在于，它为公司提供了准确的数据，以便于管理层进行科学决策。同时，外部投资者和监管机构也可以通过清晰的财务报表了解公司的运营状况。若公司财务管理缺乏透明性，不仅容易引发内部财务混乱，还会带来严重的法律和市场后果。因此，企业应通过建立健全的财务合规制度，确保财务管理的透明和规范。

2. 风险控制：预防财务舞弊的关键

企业的财务活动中可能存在诸多潜在的舞弊和不当操作，尤其是在规模快速扩大的过程中。这时，健全的财务合规体系能够帮助企业有效识别、预防和控制风险。正如 A 公司的失败案例所展示的，未能进行有效的风险控制和审计，使得公司管理层对财务状况产生了错误认知，最终导致决策的失误。

为了避免类似的财务风险，企业应定期进行内部和外部审计，以确保财务报表的准确性和合规性。同时，企业应建立有效的内部控制体系，对各项财务活动进行合理监督和控制，预防舞弊和资金挪用等行为的发生。通过严格的财务风险管理机制，企业可以规避因财务问题带来的运营危机。

3. 税务合规：确保法律和财务的双重合规

税务合规是财务管理中的一项重要内容。企业的税务处理必须严格遵守相关的税法规定，避免出现税务违法行为。例如，虚报成本、隐瞒收入、逃税等行为不仅会给企业带来巨额罚款，还会使企业面临法律诉讼和信誉受损的风险。

A 公司在财务管理混乱的情况下，未能准确报税，导致其在税务审计时被罚款数百万元，进一步加重了资金流动的压力。企业在日常运营中，必须通过建立健全的税务合规机制，确保所有的税务申报符合相关法律要求，并能够及时响应税务政策的变化。

4. 合规审计的重要性：外部监督的保障

外部审计是企业财务合规管理的最后一道防线，也是确保财务报告真实和准确的重要手段。外部审计机构可以帮助企业识别财务管理中的问题，及时提供整改建议，避免内部管理者的疏忽或有意隐瞒。

A公司由于未能定期接受外部审计，使得大量财务问题没有被及时发现，最终引发了更严重的危机。企业应将外部审计视为日常管理的一部分，通过定期的外部审计确保财务合规，及时发现并解决潜在的问题。良好的审计不仅可以提升企业的财务健康，还能增强投资者和市场的信任度。

5. 长远发展与合规管理的结合

财务合规不仅是企业短期生存的关键，还关系到企业的长期发展。规范化的财务管理有助于企业长期健康发展，提升企业的管理水平，确保可持续的盈利能力。A公司之所以在短短几年内迅速从市场领头羊走向破产，正是因为它忽视了财务管理的规范化。财务管理不仅是应对危机的工具，更是企业成长和竞争的基石。

通过财务合规管理，企业可以更好地应对市场变化，及时调整经营策略，确保长远发展的稳健性。企业应将财务合规视为提升竞争力的重要手段，通过规范化管理，赢得市场的信任和机会。

> **案例链接**
>
> **X通信的财务合规管理实践**
> **与国际市场风险防控**
>
> X通信作为全球领先的通信设备制造企业，在财务管理和审计合规方面建立了严格的内部控制体系，以降低其在全球业务中

的财务风险。自 2000 年起，X 通信逐渐扩大国际业务。随着企业规模的快速增长，X 通信的财务合规管理在应对复杂的国际法规和财务审核要求上也面临新的挑战。为此，X 通信通过建立精细化的财务合规管理体系与审计流程，确保公司财务管理的透明化与合法性，有效防控了在国际市场上可能遭遇的合规风险。

一、案例背景：国际业务扩张与财务合规挑战

在企业全球化布局中，X 通信进入了多个地区市场。然而，由于各地税务制度、财务法规和会计准则不一，公司在财务合规方面面临重大挑战，特别是在合规政策、跨境资金管理、内部审计和税务处理等方面。全球市场的财务合规体系要求非常复杂，特别是在金融监管较为严格的地区，企业稍有不慎便可能面临高额罚款甚至法律诉讼。

为了保障财务合规并确保资金链的稳定，X 通信将国际财务合规纳入公司战略层面，进行全面的管理制度设计和流程优化。同时，公司成立了合规管理部和内部审计部，以跨部门的形式监督和执行财务合规管理，涵盖从日常财务处理到跨国税务规划的全链条控制。

二、关键合规管理举措：构建严格的财务合规与审计体系

X 通信从内部管理、财务审计、资金管理等多方面入手，逐步建立了系统性的财务合规体系，确保其在全球市场的财务管理合规、透明、稳健。

1. 全面提升财务管理透明度

X 通信在财务管理中高度重视透明度，并实施了一系列政策以提升公司财务管理的透明性。公司采用国际通行的财务报告标准，如国际财务报告准则和美国公认会计准则，确保在各个市场的财务报告规范化和透明化。

同时，X通信引入了ERP系统，实现了财务数据的自动化处理和实时更新。ERP系统的应用确保了公司财务数据的准确性和一致性，有效规避了手工操作带来的财务错误和数据不一致等问题。公司统计显示，通过ERP系统，公司年财务报表编制和审核时间缩短了约25%，提升了财务报告的时效性。

2. 加强内部控制与风险防控机制

X通信在财务合规上建立了完善的内部控制机制。公司制定了详细的财务合规指引，要求每个财务人员遵守操作流程并进行定期的自查。公司还对员工进行财务合规方面的培训，使每位财务人员都具备专业的合规知识。

在风险防控上，X通信设立了独立的风险管理部门，专门负责识别、评估和应对财务合规风险。风险管理团队定期对财务数据进行分析，识别潜在的风险点并采取针对性的防控措施。例如，在发现某地区子公司存在潜在财务报表风险后，风险管理团队会联合财务部展开专项审计，确保该子公司遵循公司的财务合规标准。

3. 内部审计机制的优化与执行

X通信的内部审计机制建立了自上而下的审计结构。公司内部审计部门定期对国内外子公司进行财务审计，审查公司各部门和子公司是否严格遵循内部财务管理规定。

在审计过程中，X通信采用了数字化审计工具，通过大数据分析技术对账目数据和财务流程进行深度审查。这一数字化审计工具帮助X通信实现了财务数据的快速分析，并且能够自动识别异常财务交易，大幅提高了审计效率。数据显示，通过大数据审计技术，审计工作量减少了30%，财务合规风险检测的速度加快了两倍。

4. 跨国税务合规管理

X通信的跨国税务管理策略涉及税务合规和税收优化两个方面。公司与外部的专业税务顾问公司合作，在不同国家和地区对税务政策进行深入研究，制定符合各地区税务规定的合规方案，避免在当地出现财务违规问题。

例如，在欧洲市场，公司采用"转让定价"策略，通过合理的转让定价策略避免了因关联交易而被多国税务机构重复征税的风险。根据X通信的财务数据，合理的跨国税务管理为公司每年节约了5%~7%的税务支出，有效提升了公司的财务合规性。

三、合规管理成效：稳健的财务合规实践促进企业健康发展

通过上述合规管理举措，X通信在国际市场中成功规避了潜在的财务合规风险，确保了公司全球财务管理的合法性与透明性，为企业的稳健运营奠定了基础。

1. 降低财务违规风险，避免不必要的处罚

通过系统性的财务合规管理，X通信有效地规避了在国际市场上潜在的财务违规风险。公司数据显示，自建立完善的财务合规体系以来，X通信在过去五年中未发生任何重大财务合规事件。同时，公司在各地的财务管理合规率也保持在98%以上，有效地避免了因合规问题带来的罚款。

2. 提升企业国际信誉度，增强市场竞争力

X通信在财务合规管理中的出色表现，为公司赢得了良好的市场口碑和信誉。公司获得了ISO 37001反腐败管理体系认证，并被评为全球500强企业中合规管理优秀企业，进一步巩固了其在国际市场中的品牌形象。在全球竞争日益激烈的通信设备市场

中，X通信凭借稳健的财务管理赢得了更多的市场机会，公司财务数据显示，2022年其海外市场份额较2018年增长了25%。

3. 降低财务管理成本，提升企业运营效率

通过ERP系统的应用和数字化审计工具的使用，X通信在财务管理成本上取得了显著的节约。公司财务数据显示，通过自动化财务数据处理和数字化审计工具的应用，公司每年节省了约10%的财务管理成本。同时，ERP系统和大数据审计技术还提升了公司的运营效率，使财务部门的工作时效性提高了15%。

四、案例启示：构建稳健财务合规体系的重要性

X通信的财务合规管理实践表明，在全球化市场中，企业需要通过多层次、系统化的合规管理来应对复杂的国际市场财务法规。X通信的经验为其他国际化企业提供了以下启示：

1. 建立系统化的财务合规管理机制

X通信通过全面的合规管理体系，包括透明的财务报告、强有力的内部控制和风险防控机制，确保了公司财务管理的合规性。其他企业可借鉴这一模式，通过系统性的合规管理措施，有效控制财务风险。

2. 借助技术提升财务合规效率

X通信在财务合规中引入了数字化技术，显著提高了财务管理的效率和准确性。对于其他国际企业而言，数字化技术是财务合规管理的关键工具，有助于提升数据处理效率并降低合规成本。

3. 强化跨国税务合规与税收优化

X通信在跨国税务合规方面的成功经验，显示了跨国企业需要在合规的基础上采取税务优化策略，通过专业的税务规划和合理的跨国交易结构实现税收合规的同时，控制企业税务成本。

第三节 税务合规：税务合规与纳税义务的履行

一家国内著名的服装电商企业（以下简称 B 公司）因未能合理进行税务合规，陷入了严重的财务和法律困境。这家企业在电商行业崛起迅速，年营收一度突破数亿元。然而，由于对税务合规的重视不足，该公司在快速扩张过程中忽视了纳税申报的规范性，特别是对于线上线下不同业务之间的税务处理不够清晰。

B 公司试图通过低估某些业务的收入来降低纳税义务，逃避增值税和企业所得税的合法缴纳。结果，税务机关在对其进行税务稽查时，发现了巨额漏税行为。最终，B 公司不仅被罚款数千万元，还被要求补缴税款和滞纳金，影响了该企业的资金链，并引发了大规模的信任危机。这一事件不仅让公司元气大伤，也给整个电商行业带来了警示：忽视税务合规，企业将付出沉重代价。

税务合规是企业在法律框架内进行税务合规与履行纳税义务的关键部分。税务合规不仅能帮助企业降低税务风险，避免不必要的法律责任，还能通过合理的税务合规有效降低税负，提升企业的财务健康。以下是税务合规中的几个关键要点，如图 5-3 所示。

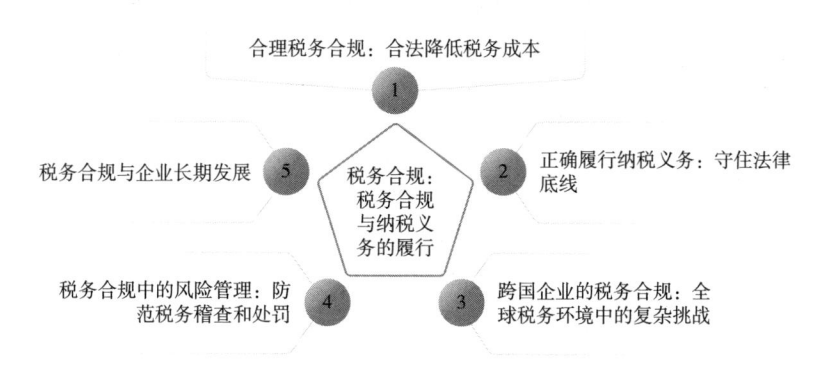

图 5-3 税务合规：税务合规与纳税义务的履行

1. 合理税务合规：合法降低税务成本

税务合规是企业通过合理合法的方式，运用现行的税收政策进行税负优化的过程。合理的税务合规不仅能降低企业的纳税成本，还能增加现金流，帮助企业更好地进行财务管理和战略投资。

税务合规的核心在于合法性，企业必须严格遵守税法的规定，不能通过违法手段逃避纳税义务。例如，企业可以通过设立研发中心享受研发费用加计扣除政策，或者通过出口退税政策减轻出口商品的税负压力。在 B 公司的案例中，错误的税务合规不仅未能降低成本，反而引发了严重的法律问题，给企业发展带来巨大障碍。因此，企业必须在专业团队的指导下进行合法合理的税务合规，避免因筹划失误而遭遇处罚。

2. 正确履行纳税义务：守住法律底线

企业在经营活动中应严格履行纳税义务，这是维护国家经济秩序和社会公共利益的重要责任。正确的纳税义务履行不仅能避免企业面临的法律风险，还能维护企业的社会声誉。企业应按照规定的税种、税率和时限进行纳税申报，确保税务申报的准确性和及时性。

税务合规不仅是企业的法律责任，也是企业与政府、社会的契约。企业在经营过程中要及时、足额地缴纳增值税、企业所得税、个人所得税等税种，避免因漏报或虚报收入而触犯法律底线。在 B 公司的案例中，其错误估计收入导致了企业的纳税失误，最终受到了严重的处罚，给企业的财务和声誉都带来了巨大损害。

3. 跨国企业的税务合规：全球税务环境中的复杂挑战

随着企业全球化的发展，跨国企业在不同国家和地区进行税务合规的复杂性日益增加。不同国家的税务制度和税法规定各不相同，企业必须充分理解并遵守各国的税法要求，避免双重征税或逃税行为的发生。

跨国企业在全球市场中进行税务合规时，需要特别关注转让定价规则、永久机构的认定及跨境服务收入的税务处理等问题。同时，企业应与当地税务机关保持良好的沟通，确保税务申报符合当地法律要求，并建立全球化的税务合规管理体系，降低跨国经营中的税务风险。

4.税务合规中的风险管理：防范税务稽查和处罚

税务稽查是税务机关对企业进行税务审核的手段，如果企业在日常经营中存在逃税、漏税行为，或者未按规定履行纳税义务，可能会面临税务稽查。税务稽查一旦发生，企业不仅会面临巨额罚款，还可能受到刑事处罚。因此，企业应提前进行税务风险的防范和管理，建立完善的内部控制机制。

企业应通过定期的自我审查，确保财务报表和税务申报的准确性。尤其是在营收较大的业务或新业务模式中，税务问题更加复杂，容易引发争议。通过积极应对税务稽查，企业能够避免被动局面，及时修正潜在问题，降低未来的风险成本。

5.税务合规与企业长期发展

税务合规不仅能避免企业面临的短期法律和财务风险，还能为企业的长期发展奠定坚实基础。良好的税务合规管理有助于提升企业的财务透明度，赢得外部投资者的信任，增强企业的社会责任感，从而提升企业在市场中的竞争力。

企业通过遵守税务法律和合理规划税务支出，能够获得政策支持、社会认可和市场信任，这对于企业的可持续发展具有重要意义。税务合规不仅是企业健康运营的基础，也是企业与政府、社会建立良好关系的桥梁。

第四节　环境、社会与治理合规：企业的社会责任担当

国内一家崭露头角的网红家电品牌（以下简称 C 公司）因其快速崛起而备受瞩目。这家企业凭借创新的设计理念和强大的社交媒体营销，很快在市场上占据了一席之地。然而，在企业迅速扩张的背后，C 公司忽视了 ESG 的相关责任。

据报道，C 公司在生产过程中未能妥善处理工业废水，导致周边环境受到污染。当地社区居民纷纷投诉，媒体也进行了广泛报道，给企业形象带来了极大的负面影响。同时，C 公司内部治理结构不够完善，员工工作环境恶劣，劳动合同纠纷频发，导致企业的社会责任口碑迅速下滑。在政府环保部门的干预下，C 公司不仅面临巨额罚款，还被迫停工整改。这一系列问题，不仅直接影响了公司的生产经营，也让消费者对其品牌忠诚度大打折扣。

这一事件给 C 公司带来了深刻的教训，也为其他企业敲响了警钟：在企业追求盈利和市场扩张的同时，忽视 ESG 合规将会面临无法预料的重大风险。

ESG 合规已成为现代企业可持续发展的关键议题。ESG 不仅影响企业的公众形象，还直接关系到企业的长期竞争力和财务表现。以下是企业在 ESG 合规中需要关注的四大核心要素，如图 5-4 所示。

1. 环境保护：绿色发展的基础
2. 社会责任：关爱员工与社区发展
3. 公司治理：合规管理与透明运营
4. ESG 的经济效益：短期投入与长期回报

环境、社会与治理（ESG）合规：企业的社会责任担当

图 5-4　环境、社会与治理合规：企业的社会责任担当

1. 环境保护：绿色发展的基础

企业在运营过程中必须高度重视环境保护，这是 ESG 中最为直接的部分。无论是制造业、服务业还是科技行业，都需要关注如何减少能源消耗、降低碳排放，并妥善处理废弃物。环保不仅关乎国家的政策要求，也是企业实现绿色可持续发展的重要举措。

比如，企业可以通过引入环保生产技术、优化供应链管理及采用可再生能源，减少对环境的负面影响。对于制造类企业，特别是在生产中涉及大量排放的行业，企业必须建立健全的环保管理体系，确保符合国家和国际环保标准。未能遵守环保合规的企业，将面临严厉的惩罚和公众的谴责，像 C 公司一样，可能遭遇停工整顿和品牌形象受损的双重打击。

2. 社会责任：关爱员工与社区发展

ESG 中的"社会"主要包括企业对员工、消费者和社区的责任。企业应保障员工的合法权益，提供良好的工作环境，确保劳动合同的公平性和透明度。良好的员工福利和发展机制不仅有助于提高员工的工作积极性，还能增强企业的整体凝聚力。

此外，企业应积极参与公益活动，推动社区发展，特别是在当地创造就业机会、提供教育资源等方面。C 公司的失败在于忽视了员工福利，导致频繁的劳动纠纷和员工对企业的不满情绪蔓延。这提醒其他企业在快速扩张的同时，必须平衡好与员工和社区的关系，才能实现更稳健的发展。

3. 公司治理：合规管理与透明运营

治理是 ESG 合规的最后一个重要组成部分，它包括企业的管理结构、决策流程、信息披露及内部控制机制。健全的公司治理不仅有助于企业抵御风险，还能为投资者和利益相关方提供更多信心。

良好的公司治理要求企业在合规管理中建立完善的内控制度，确保所有决策都符合法律法规。同时，企业应确保财务信息透明化，定期披露运营状况和管理措施。C 公司在这方面的漏洞显而易见，其内部治理结构的缺失导致了多起劳资纠纷，进而影响了公司的公众形象和社会责任履行。

4.ESG 的经济效益：短期投入与长期回报

虽然 ESG 合规的实施需要企业在短期内投入大量资源，但从长远来看，良好的 ESG 表现能够提升企业的竞争力和市场价值。例如，投资者越来越重视企业的 ESG 表现，绿色投资和社会责任型基金在资本市场的比重逐渐增加。那些能够长期坚持 ESG 合规的企业，不仅能够赢得投资者的信任，还能减少法律风险，避免因环境或社会责任问题产生的罚款和诉讼。

企业应认识到，ESG 合规不仅是为了满足政府的政策要求，更是为了在激烈的市场竞争中脱颖而出。通过积极承担环境和社会责任，企业能够获得更高的市场认可度，吸引更多的投资与消费者关注，实现长期稳健的发展。

案例链接

J 绿能公司的绿色能源与合规实践

J 绿能公司，作为全球领先的太阳能技术与生产企业，在日趋严苛的环保法规下，积极推行环保合规管理措施。多年来，J 绿能公司以环保合规为企业战略核心，通过严格的生产流程管理、可持续发展举措和节能减排技术的应用，不仅带动了企业的可持续增长，也为新能源行业的合规管理树立了良好典范。

一、案例背景：太阳能行业的环保合规压力

近年来，全球对碳排放及环保合规要求逐渐加严。作为能源行业中的一员，太阳能企业必须符合严格的排放控制、资源利用和环保标准。

第五章 企业合规的多元化内容

J绿能公司成立于2000年,凭借领先的太阳能技术,迅速在国内外市场扩展业务。然而,随着太阳能组件制造过程中的水耗、电耗及其他资源使用逐步纳入环境监管,J绿能公司面临较大合规压力。为了应对这一挑战,J绿能公司选择通过优化生产流程、应用节能技术和循环利用原材料等措施,全面提高公司在环保合规方面的表现。

二、关键合规举措:构建系统的环境合规管理体系

J绿能公司从生产、供应链、材料回收等各方面着手,构建了一整套符合国际环保标准的合规管理体系,确保其太阳能产品的生产过程环保、可持续。

1. 绿色生产流程管理与节能技术应用

在生产方面,J绿能公司积极引入先进的生产设备,并优化生产流程,以减少资源消耗和污染物排放。公司引进了智能化的能耗管理系统,对生产过程中使用的电力和水资源进行实时监控。数据显示,通过能耗管理系统,J绿能公司每年可减少约20%的电力消耗和15%的水资源消耗,显著提升了环保效益。

此外,J绿能公司还在生产中应用了多项节能技术,如在组件制造过程中采用低温烧结工艺和高效能逆变器,以减少碳排放。这一工艺的应用使得生产线上的碳排放减少了约30%,符合相关法规的要求。

2. 供应链的绿色管理与循环利用

J绿能公司在环保合规上,不仅关注内部的生产环节,还将合规要求向供应链延伸,建立绿色供应链管理机制。公司要求供应商提供环保认证,并定期进行第三方审核,确保采购的材料符合国际环保标准。J绿能公司在供应链上采用了"绿色采购"策略，合作供应商中超过60%获得ISO 14001环境管理体系认证，有效保障了供应链的环保合规性。

在材料循环利用方面，公司针对太阳能电池生产中的硅材料进行了回收再利用。J绿能公司与地方环保机构合作，回收生产过程中产生的硅片边角料，并重新投入到太阳能电池制造中。数据显示，公司每年通过硅材料的回收利用减少了约500吨的废弃物排放，不仅节省了生产成本，还降低了对环境的负担。

3. 废水与废气处理：建设清洁生产基地

J绿能公司在清洁生产方面投入大量资源，在主要生产基地安装了先进的废水和废气处理设备。公司废水处理系统每日处理能力达到3 000立方米，可将生产废水中含有的有害物质降至国家标准以下。根据公司内部统计，每年J绿能公司废水处理系统可减少约1万吨废水的污染，达到废水合规排放要求。

此外，公司还投资了数千万元人民币用于废气处理设备的升级，实现了生产线上的废气净化，处理后的废气可达《大气污染物综合排放标准》。2021年，公司成功将废气排放中的颗粒物含量减少了45%，为其他能源企业提供了环保合规管理的标杆。

4. 全面推进光伏电站回收与管理

作为太阳能行业的重要参与者，J绿能公司还参与光伏电站回收和再利用的环保工作。在光伏组件生命周期管理上，公司提出了"组件全生命周期管理"理念。J绿能公司与多个光伏电站项目合作，开展光伏组件回收与资源再利用，避免废弃组件对环境造成污染。到2024年，公司累计回收处理超过10万吨光伏组件，并将其中80%重新利用于新产品的制造。

三、合规管理成效：环保与市场价值的双赢

J绿能公司凭借系统化的环保合规措施，不仅在市场上赢得了良好口碑，同时也大幅度提升了公司在环保合规方面的表现。

1. 环保成本显著降低，合规效益提升

J绿能公司通过优化流程和引入智能系统，降低了环保合规的支出。据统计，2024年公司环保合规成本比2023年下降了约12%，其中智能化监控系统和废物循环利用节省的成本分别占总合规成本的30%和15%。通过有效管理，公司在环保方面的投资产出比显著提高。

2. 社会认可度提升，品牌价值增加

J绿能公司凭借在环保合规上的显著表现，获得了多项环保认证，包括ISO 14001环境管理体系认证和中国绿色制造体系的多项荣誉。公司于2024年入选"中国清洁能源十强企业"，并被业内称为"环保合规标杆企业"。绿色品牌形象的提升增强了J绿能公司在国际市场上的竞争力，尤其在欧美环保法规较为严格的市场，公司产品受到了广泛认可。公司数据显示，2024年J绿能在欧洲市场的销量同比增长了25%。

3. 环保合规推动技术创新与竞争力增强

J绿能公司在环保合规管理过程中不断推动技术创新。公司每年将约10%的销售收入用于环保技术研发，成功开发出多项绿色生产技术，提高了生产效率和资源利用率。在光伏组件技术方面，J绿能公司开发了高效低碳太阳能电池技术，使得产品的光电转换效率提高了约10%，巩固了其在太阳能领域的技术优势。

四、案例启示：环保合规驱动企业可持续发展的策略

J绿能公司在环保合规方面的成功经验，为其他企业尤其是

新能源领域提供了宝贵的借鉴。以下是J绿能公司推动环保合规与可持续发展的关键策略：

1. 构建多层次的合规管理体系

J绿能公司构建了包括绿色采购、智能化监控、废物循环利用和全生命周期管理的多层次合规管理体系，通过系统化的管理模式，保证了每个环节符合环保合规标准。

2. 环保合规与技术创新结合

J绿能公司将环保合规作为技术创新的动力，通过不断研发新技术提高生产效率和环保标准，使环保合规不仅是法规要求，更是推动企业创新与发展的动力。

3. 延伸合规到供应链管理

通过建立绿色供应链和材料回收体系，J绿能公司将合规要求延伸到供应链中，构建了完整的绿色管理链条，形成了从采购到生产、回收的环保闭环。

第六章　构建高效的企业合规管理体系

面对日益严格的监管环境和快速变化的市场需求，企业需要一套高效的合规管理体系以确保长期稳健发展。本章将围绕企业合规体系的构建，分步骤探讨具体实现方法。首先，我们将介绍合规管理架构设计的基本原则，包括职责分工、资源配置及信息流通的优化。其次，合规制度与流程的制定与执行是合规管理的核心，本章将提供制定高效合规制度的实际案例与操作指南。此外，合规文化的渗透与员工培训是保障合规执行力的重要环节，本章将详细讨论如何通过系统化培训和内部宣传，将合规理念融入企业文化之中。最后，监测与持续改进机制为合规管理提供动态保障，我们将探讨企业如何通过技术手段与反馈机制实时优化合规管理体系。本章为企业在不断变化的外部环境中打造坚实的合规管理能力提供了全面的参考路径。

第一节　合规管理架构的设计原则

国内一家教育科技企业迅速崛起，并成功吸引了大量用户和资本的青睐。然而，在扩展业务的过程中，这家公司忽视了合规管理的基础架构设计，未能有效建立起一个系统的合规管理体系。在监管环境逐渐收紧的背景下，这家公司因为未能遵循相关的法律法规，特别是在数据隐私和广告推广方面的问题，面临了巨额罚款。更严重的是，由于合规问题爆发后，公众对公司的信任大幅下滑，股价也随之暴跌，企业陷入了前所未有的危机。

这家教育科技企业的失败案例再次提醒我们：合规管理体系的设计不

仅关乎企业的合规性，还直接影响到企业的声誉和长远发展。如何构建一个高效、稳健的合规管理架构，已经成为企业能否在竞争激烈的市场中稳步发展的关键。

在构建企业的合规管理体系时，设计合规管理架构的合理性至关重要。一个有效的合规管理架构应从企业的业务实际出发，围绕法律法规、行业标准及企业内部需求来建立。在这一过程中，有几个关键的设计原则需要重点考虑，如图6-1所示。

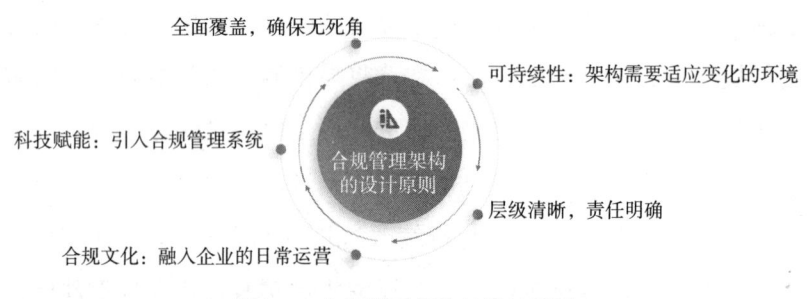

图6-1 合规管理架构的设计原则

- 全面覆盖，确保无死角
- 可持续性：架构需要适应变化的环境
- 科技赋能：引入合规管理系统
- 层级清晰，责任明确
- 合规文化：融入企业的日常运营

1. 全面覆盖，确保无死角

合规管理架构的设计需要做到全方位覆盖，确保企业的各个业务环节都能够遵守相关的法律法规。企业在不同的业务领域面临的合规要求各不相同，设计时应考虑到企业的行业特性、市场范围及所处的监管环境。比如，互联网企业不仅需要符合传统的劳动法、税法等规定，还必须符合数据保护、网络安全等特殊领域的法律要求。

一个全面的合规管理架构应涵盖企业的所有业务流程，包括采购、生产、销售、客户服务等。同时，还应考虑到企业不同层级员工的合规责任分配，确保每个部门和岗位都能清楚自身的合规要求，并在日常工作中严格遵守。

2. 可持续性：架构需要适应变化的环境

合规管理的另一个核心原则是保持可持续性。随着市场环境、行业规则和法律法规的不断变化，企业的合规管理体系必须具备足够的灵活性，以适应新的要求。设计合规架构时，应确保其具备适应性和可扩展性。企业需要定期审视并调整合规政策，以应对新法规的出台或行业政策的变化。

例如，许多行业在过去几年面临了数据隐私法的升级，特别是《中华人民共和国个人信息保护法》等法律的实施。企业必须能够及时识别这些变化，并快速作出反应，调整合规策略，避免潜在的法律风险。

3. 层级清晰，责任明确

合规管理架构必须有清晰的层级划分和责任分配。企业的合规工作不仅仅是某个部门的职责，而是应该从上至下贯穿整个企业。管理层应该对合规管理体系的设计和执行负责，并设立合规管理委员会或合规官角色，确保合规政策能够得到有效落实。

同时，各个业务部门也应设立相应的合规岗位，确保日常业务活动符合合规要求。责任明确有助于快速发现问题，避免合规漏洞蔓延到企业的其他部分，形成系统性风险。

4. 合规文化：融入企业的日常运营

合规文化是合规管理体系中不可忽视的一环。一个优秀的合规管理架构，不仅依赖于制度和流程的设计，更需要通过文化的建设，让合规意识融入每一个员工的日常工作中。企业应通过培训、内部沟通及文化活动，向员工传达合规的重要性，让合规成为企业文化的一部分。

教育和培训是推动合规文化的重要手段。企业应定期开展合规培训，尤其是在面临新法律法规出台时，让员工能够及时了解并掌握合规要求。

除了培训，还应通过日常运营中的合规检查、评估等方式，确保合规理念真正落实到每一个员工的实际工作中。

5. 科技赋能：引入合规管理系统

随着科技的发展，合规管理已经不再是手工操作和定期审查的简单工作。企业可以通过引入现代化的合规管理系统，提升合规管理的效率和准确性。例如，企业可以使用智能化的合规管理工具，自动监控企业各个环节的合规状况，提前预警潜在风险，并实现合规数据的智能分析与汇总。

这种科技赋能的方式不仅能够降低合规管理的成本，还能提升管理的及时性与精准度，帮助企业更好地应对复杂多变的合规环境。

> **案例链接**
>
> ### 合规管理架构的设计原则
> ### ——M公司的案例
>
> M公司作为潮玩行业的领军企业，在快速扩展全球业务的过程中，面临着复杂的法律和合规挑战。为了在国际市场上稳步前进，公司建立了一套完善的合规管理架构，确保业务运营符合各地的法律法规。M公司的实践展示了如何在创新与合规之间找到平衡，并避免扩展过程中的潜在风险。
>
> **一、明确职责与多层次的合规管理体系**
>
> M公司的合规管理架构建立在明确的责任分工上，以确保管理层和一线员工都能理解各自的合规职责。
>
> M公司设立了专门的合规委员会，由董事会成员和高管组成，负责企业的整体合规战略规划和决策。公司将合规与业务发展紧密结合，确保每个市场扩展计划都考虑到法律风险和监管要求。

M 公司在内部建立了合规管理部门，负责各部门的日常合规检查和监督。同时，公司配备了独立的审计团队，定期审查合规流程，确保内部管理的透明性与合规性。

二、风险识别与本地化合规策略

随着 M 公司进入多个国家和地区，公司在架构设计中特别注重对不同市场的合规风险进行识别和管理。

在进入新市场前，M 公司组建了由当地法律专家组成的合规团队，深入解读当地法规，确保公司在业务运营中的合法性。每当新政策发布，公司会第一时间组织员工培训，确保全员理解最新的法律要求。

潮玩行业依赖创新设计，而侵权风险也随之而来。M 公司通过注册商标和专利，在全球市场上建立了完善的知识产权保护体系，防止产品被仿冒或侵权。此外，公司确保各国市场的产品宣传和销售流程符合广告法规，避免因不实宣传而触犯法律。

三、数字化管理助力合规高效执行

为提升合规管理的效率和执行力，M 公司引入了数字化工具，将合规工作流程嵌入企业的日常运营中。

公司开发了一套专属的合规管理系统，用于追踪法规变化、监测潜在风险，并为员工提供实时的法规查询服务。该系统还能自动生成报告，供管理层了解各地合规执行的情况。

M 公司在全球市场中需要处理大量用户数据，为此特别重视《通用数据保护条例》（GDPR）等法规的遵守。公司建立了严格的数据访问控制和加密机制，确保用户信息的安全。

四、合规文化的渗透与监督机制

M 公司深知，只有让合规理念深入企业文化，才能真正推动合规管理架构的有效运行。因此，公司通过一系列措施将合规意识融入员工日常工作中。

公司在内部持续开展合规文化宣传，鼓励员工发现并报告潜在的合规问题。M公司还制定了奖励机制，对在合规管理中表现突出的团队和员工予以表彰，提升员工的责任感和积极性。

公司建立了匿名举报渠道，员工可以放心报告任何违规行为。所有的举报都会由合规部门和审计团队进行调查，并根据调查结果实施问责，确保制度的公正与透明。

五、成果与启示

M公司的合规管理架构使其在扩展海外市场的过程中，成功避免了多起潜在的法律风险。

在欧洲市场，公司凭借严谨的知识产权管理，避免了因设计仿冒而引发的法律纠纷。

在数据合规方面，由于公司及时应对隐私法规的变化，获得了消费者的信任，推动了线上销售业务的快速增长。

M公司的实践表明，完善的合规管理架构不仅能有效规避风险，还能为企业带来市场竞争力。通过明确职责、风险识别、数字化管理和文化建设的有机结合，公司在全球扩展中保持了稳健的步伐。这一案例为其他公司提供了宝贵的经验，表明合规不仅是一种成本，更是一种长远发展的投资。

第二节　合规制度与流程的制定与执行

近年来，一家本土知名的物流企业在扩展业务时，因未能制定和执行有效的合规制度而陷入了重大的法律困境。这家企业在短时间内实现了全国网络布局，但在高速扩张的过程中，忽视了物流行业的安全管理法规，特别是在危险品运输方面的合规要求。一次运输过程中，因企业内部管理漏洞，未能及时识别并正确处理一批易燃物品，导致发生了重大安全事故。事件爆发后，不仅使企业面临数百万的罚款和赔偿，更让其市场声誉一落千丈，客户流失严重。

这起案例凸显了合规制度和流程对于企业稳定运营的重要性。合规不应只是应对外部审查的工具，更是企业内部管理的根本保障。制定并严格执行合规制度和流程，不仅能够防范风险，还能确保企业在市场中稳步发展。

在企业管理中，合规制度的制定与执行是一个持续的、系统化的过程。合规不仅涉及法律法规的遵守，还涵盖了企业在运营过程中对内部规章制度、行业标准和道德规范的遵循。合规制度与流程的制定与执行，不仅是为了满足外部监管的需求，更是企业内部管理和风险控制的重要手段，如图6-2所示。

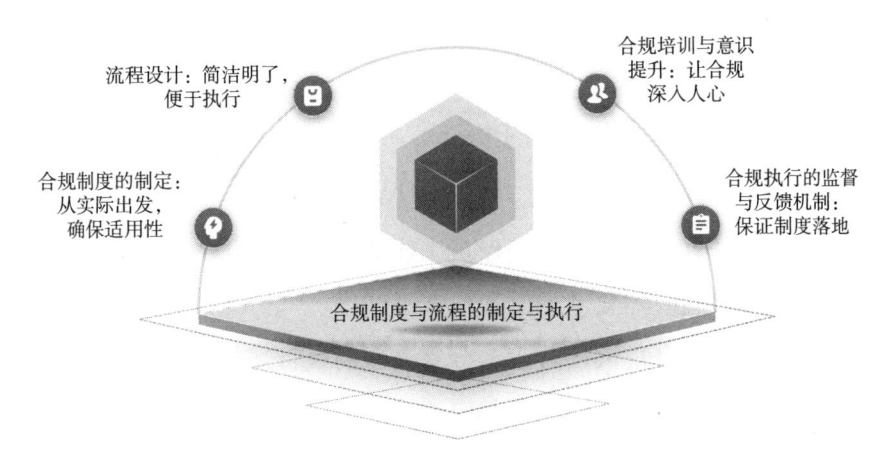

图6-2　合规制度与流程的制定与执行

1. 合规制度的制定：从实际出发，确保适用性

制定合规制度的首要原则是要符合企业的实际情况。不同规模、不同业务领域的企业在合规要求上有很大不同，合规制度必须根据企业的行业特点、市场环境和业务流程来设计。一个高效的合规制度，应该覆盖以下几个方面：

第一，法律法规的遵循。合规制度的核心是确保企业能够遵守相关的法律法规。企业需要结合所在国家和地区的法律环境，梳理行业内的相关法律法规，并将其转化为内部的规章制度。例如，金融行业需要关注反洗钱和数据隐私相关法律；制造业则需要确保生产流程符合环保法规。

第二，内部规章与管理标准。除了外部法律法规，企业还应建立符合自身运营特点的内部规章制度。包括财务管理制度、员工行为准则、信息安全管理制度等，这些内部规章制度将为日常运营提供明确的行为指引。

第三，道德与社会责任。现代企业合规制度不仅仅停留在法律层面，还应包括企业的道德与社会责任。企业需要制定道德准则，确保员工在业务开展过程中能够遵守行业内外的伦理标准。这对于树立良好的企业形象和赢得客户信任尤为重要。

2. 流程设计：简洁明了，便于执行

有了合规制度的框架，接下来就是流程的设计。一个完善的合规流程应具备可操作性和便捷性，确保员工能够在日常工作中顺利执行合规要求。设计合规流程时需要考虑以下几个要点。

第一，合规责任的明确分工。合规流程的执行需要明确各个部门和岗位的合规责任。每个岗位的员工都应清楚自身在合规链条中的位置，知道自己需要遵守的具体规定，以及如何执行合规流程。通过责任明确的流程设计，可以有效减少因模糊责任导致的合规风险。

第二，简化合规流程，提升执行效率。合规流程不宜过于复杂，否则

会导致员工在日常工作中难以遵守。应根据企业的具体情况，简化合规流程，确保其便于操作、易于执行。例如，制定一个标准化的审批流程，以确保每一项业务都能按照规范进行合规审查。

第三，自动化和数字化管理。随着科技的发展，合规流程的设计和执行可以借助信息技术来实现自动化管理。例如，企业可以使用合规管理软件，自动提醒员工完成合规要求，并对合规流程进行实时监控。这样不仅能够提高流程执行的效率，还能及时发现潜在的合规问题。

3.合规培训与意识提升：让合规深入人心

在制定合规制度和流程后，如何让员工真正理解并执行这些规定至关重要。这就需要企业进行定期的合规培训，提升全员的合规意识。

第一，定期培训，提升认知。合规培训的目的在于让员工了解相关法规、公司规章及合规流程的操作要点。企业应根据员工的岗位特点，量身定制培训内容，确保员工能够掌握与其工作密切相关的合规知识。例如，财务部门的员工需要重点学习税务合规和财务报表合规要求，销售部门则需要掌握与广告合规、合同合规相关的内容。

第二，通过案例学习，增强合规意识。企业在培训中可以结合实际案例，帮助员工更好地理解合规的重要性和操作细节。特别是那些曾经发生过的违规事件和相应的法律后果，通过分析这些案例，员工会对合规问题有更加深刻的认识，从而在实际操作中更加谨慎。

第三，强化日常沟通与合规文化建设。合规不仅是一套制度或流程，还应当成为企业文化的一部分。企业可以通过内部宣传、标语等方式，时刻提醒员工合规的重要性。同时，管理层应起到带头作用，营造出一个人人重视合规的工作氛围。

4.合规执行的监督与反馈机制：保证制度落地

制定了合规制度和流程后，还需要确保其能够被严格执行，这就需要企业建立起有效的监督和反馈机制。

第一，内部审计与检查。企业应设立独立的合规审查部门，定期对各个业务环节的合规执行情况进行检查和评估。内部审计不仅能够及时发现合规问题，还能为管理层提供决策依据，帮助企业不断完善合规管理体系。

第二，违规处理与整改。当合规检查发现问题时，企业需要立即采取相应的整改措施，并制定明确的违规处理机制。对于情节严重的违规行为，企业应予以严肃处理，甚至追究相关责任人的法律责任。通过严格的惩罚机制，能够对员工起到警示作用，进一步增强合规执行的威慑力。

第三，持续优化与改进。合规管理并不是一成不变的，企业应根据行业动态、政策变化及自身发展情况，不断优化合规制度与流程。通过定期反馈机制，企业可以收集到员工在执行合规过程中遇到的问题，并据此调整合规政策，确保其始终适应企业的发展需求。

◎ 案例链接

S公司的食品安全合规管理制度
——体系化流程助力行业标杆

近年来，消费者对食品安全的关注不断上升，电商食品企业在享受市场扩展红利的同时，也面临前所未有的合规压力。S公司作为国内食品电商的领军企业，围绕《中华人民共和国食品安全法》（以下简称《食品安全法》）的核心要求，实施了一套严密的食品安全合规管理制度。通过系统化流程的执行和精细化的环节把控，S公司不仅强化了食品质量控制，还在行业内树立了食品安全的高标准。

一、背景及市场需求

自2012年成立以来，S公司凭借休闲零食的丰富品类和便捷的电商模式，迅速在国内市场占据一席之地。2024年，公司营业收入达到97亿元，占据了国内零食电商的领先地位。然而，随着市场对食品安全的关注日益增强，S公司面临的合规压力随之提升。尤其在《食品安全法》细则和新修订条例实施之后，公司必须确保所有生产、包装和流通过程符合严格的食品安全标准，避免食品安全问题对企业声誉造成不可逆的影响。

二、食品安全合规制度的制定

为确保全流程符合食品安全法规，S公司组建了专门的食品安全合规团队，团队由质量管理专家、食品检测技术人员和合规法律顾问组成，主导制定了一整套符合国家标准的食品安全管理制度。制度涵盖原材料采购、生产加工、包装标识、仓储管理、运输配送等多个环节，形成一套闭环的合规体系，能够做到追根溯源。

1. 原材料采购与供应商管理

S公司建立了"供应商准入评估"制度，通过分阶段审核和定期抽查来确保原材料供应的安全性。首先，对潜在供应商进行质量体系认证，筛选出符合GMP（良好生产规范）及HACCP（危害分析和关键控制点）标准的供应商。之后，在日常供货过程中，S公司按季度对主要供应商进行抽检，并要求供应商在质量方面的承诺达成率达到98%以上。

2. 生产加工合规流程

在生产加工环节，公司按照ISO 22000食品安全管理体系的标准执行，设立了超过15个关键控制点，每个控制点均设有专人负责。此外，S公司还利用智能化生产设备实时监测关键生产指标，一旦检测出指标异常，系统会自动暂停生产并通知质控部门介入排查。这样的智能系统使公司能够在生产阶段快速处理潜在的食品安全隐患，降低后续风险。

3. 包装和标识合规

2024年，S公司将标识合规作为合规管理的重中之重，所有产品包装上的标签严格符合《食品安全法》中的标识规定。标签内容不仅包括成分列表、营养成分表和生产日期，还增加了过敏原提示。此外，包装上还印有二维码，消费者可通过扫码查询产品的生产批次、质检报告等详细信息，确保信息透明、公开，提升了消费者的信任感。

4. 仓储与运输管理

S公司针对仓储和物流环节制定了高标准的操作规范。在仓储方面，公司引入了温湿度监控系统，保证不同类型的食品储存在最适宜的条件下，防止产品在储存过程中发生变质。在运输环节，S公司与第三方物流公司合作，签订食品安全运输合同，规定了食品运输中避免高温、潮湿等条件的具体要求。2021年，S公司还试行了"最后一公里冷链配送"，将冷链技术应用于敏感食品的配送，提高了食品从出库到交付的保鲜度。

二、合规流程的执行与反馈机制

S公司不仅制定了详细的合规制度，还通过严格的流程执行和反馈机制确保制度得到有效落实。公司在各生产基地和主要仓库设立了食品安全监测室，专门用于日常食品检测和不定期抽检。2024年，公司共进行超过2 000次的例行抽查，累计抽检样品数量达15 000批次，合格率达99.8%。

同时，S公司还设置了内部与外部的双向反馈机制。内部反馈方面，公司要求各部门的食品安全员定期汇报执行情况，并制定整改方案；外部反馈方面，公司建立了客户投诉和建议机制，定期回访并调查每一例涉及食品安全的客户反馈。对接收到的每一例食品安全投诉，公司均要求在48小时内完成调查并采取改进措施。这种双向反馈的机制帮助公司不断优化合规制度和流程。

三、制度执行的成效与行业影响

在食品安全合规管理制度的保障下，S公司的合规管理取得了显著成效：2024年全年，S公司未发生一起严重的食品安全事件，且在当年国家市场监管部门的多次抽检中，产品合格率达到了100%。此外，公司通过一系列合规举措，不仅成功降低了食品安全风险，还提升了公司在市场中的品牌形象，客户满意度也得到显著提升。市场调研数据显示，2024年S公司的客户满意度指数从上一年的87%上升至93%。

S公司的合规管理制度在行业内具有示范效应。公司凭借全面的食品安全保障体系，赢得了监管部门和行业协会的认可，多次被邀请在行业会议上分享合规管理经验。2024年，S公司还成为国家食品安全委员会的成员之一，为推动食品安全合规体系建设贡献专业意见。

四、启示与借鉴意义

S公司的食品安全合规管理经验给食品行业的同行企业提供了重要启示。首先，通过建立以食品安全法为核心的合规管理制度，企业能够在高速发展和竞争压力下保障食品安全，减少合规风险；其次，通过实施系统化的流程管理与智能监控，企业可以

> 有效应对各个环节中的潜在风险；最后，双向反馈机制的建立为企业动态调整合规策略、提升产品质量提供了支持。
>
> 　　食品安全合规不仅是法律的要求，更是食品企业的底线。S公司的经验表明，只有将合规管理嵌入企业运营的每一个环节，食品企业才能真正赢得消费者的信任，从而获得持续的市场竞争力。

第三节　合规培训与文化的渗透

　　某知名互联网金融企业在初期发展中曾因快速扩张而忽视了合规培训与文化建设，导致企业陷入一场合规风暴。由于内部员工对金融监管政策的理解不充分，该企业推出的一些金融产品违反了监管要求。结果，不仅企业遭受了巨额罚款，甚至引发了客户的大规模投诉，企业的声誉一落千丈。究其原因，除了法律风险防控不力外，合规培训不到位，合规文化没有在企业中扎根是最根本的问题。

　　这一案例说明了合规培训与文化建设的重要性。企业不仅要制定合规制度，还必须通过有效的培训和文化渗透，确保每一个员工在日常工作中自觉遵守合规要求，并将合规作为企业文化的一部分，内化为行动准则。

　　合规培训与文化的渗透是现代企业合规管理体系中的核心环节，如图6-3所示。企业的合规不仅体现在制度和流程的设计上，还依赖于全体员工对合规理念的深刻理解和自觉执行。通过系统的培训和文化建设，企业可以将合规要求转化为每个员工的日常行为，从而有效减少风险，提升企业的竞争力。

合规培训：让合规意识成为员工的　　合规文化建设：让合规理念成为
　　　　基本素养　　　　　　　　　　　企业的行动纲领

　　　　　　　　　　合规培训与
　　　　　　　　　　文化的渗透

内部沟通与文化推广：让合规成为　　通过合规培训和文化渗透提升企
　　　　企业的常态化话题　　　　　　　　业竞争力

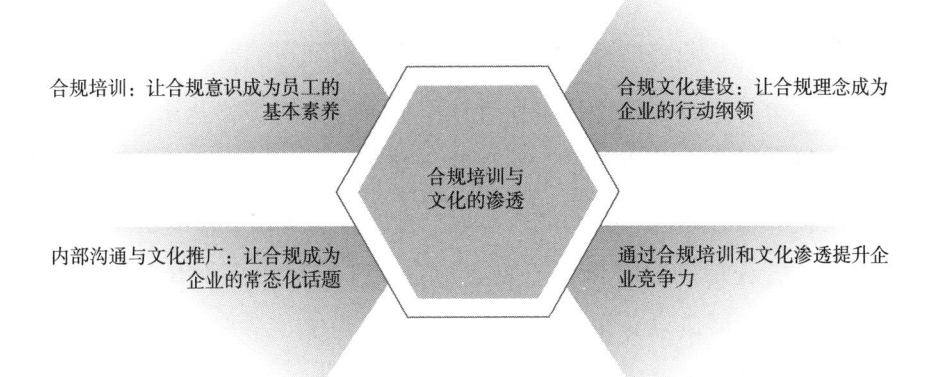

图 6-3　合规培训与文化的渗透

1. 合规培训：让合规意识成为员工的基本素养

企业合规培训的首要目标是让员工具备基础的合规意识，使其在日常工作中能够正确识别和应对合规风险。许多企业在合规培训方面采取了"一刀切"的方式，即所有员工接受相同的培训内容，然而，这种模式往往难以满足不同岗位、不同业务部门的实际需求。

第一，有针对性的培训内容设计。合规培训应根据企业员工的岗位职责和业务特性进行定制化设计。比如，财务部门的员工需要重点学习税务合规和财务报表规范；市场和销售部门则应了解广告合规、合同合规等方面的规定。通过设计差异化的培训内容，能够让员工更加深入地理解与自己岗位相关的合规风险，从而在实际操作中更加谨慎，减少违规行为的发生。

第二，培训方式的多样化。为了增强培训效果，企业还可以结合多种培训方式，如线上课程、线下讲座、案例讨论和模拟情景演练等。特别是模拟演练能够帮助员工更好地理解如何在实际工作场景中应用合规知识。例如，通过模拟一次违规行为的处理过程，员工可以直观地看到违规可能带来的后果，并学习到如何在日常工作中避免类似问题。

2.合规文化建设：让合规理念成为企业的行动纲领

合规文化的建设不仅仅是企业管理层的责任，还需要全体员工的共同参与和践行。要让合规成为企业文化的一部分，企业需要通过长期的文化渗透，让合规理念深入人心，最终形成一种全员自觉遵守的氛围。

第一，管理层的表率作用。企业的合规文化建设离不开管理层的支持和引导。管理层应以身作则，率先践行合规要求。高管和部门负责人在日常工作中通过严格遵守合规制度，可以为员工树立榜样，形成"上行下效"的氛围。管理层的言行举止不仅影响着下属的工作态度，也直接关系到企业的合规文化能否成功渗透到各个层面。

第二，将合规融入日常运营流程。企业可以通过将合规要求纳入日常运营流程中，帮助员工在工作中自觉遵守。例如，企业可以在绩效考核中加入合规指标，将合规表现与员工的晋升、薪酬挂钩。这样，员工会在工作中更加关注合规问题，不再只是应付审查或监管。

第三，奖励和惩罚机制的建立。除了管理层的带头作用，企业还应建立一套合理的奖惩机制。对于合规表现优秀的员工，企业可以给予奖励，比如晋升机会或经济奖励；而对于违反合规要求的员工，企业则应予以惩罚，甚至解除劳动合同。通过奖励先进、惩治违规，能够有效激励员工在工作中保持合规意识，形成良性循环。

3.内部沟通与文化推广：让合规成为企业的常态化话题

合规文化的建设不能仅仅依靠几次合规培训或一次性政策宣导，企业需要通过多渠道的内部沟通和持续的文化推广，才能让合规意识真正扎根于每一位员工心中。

第一，持续的内部宣传和沟通。企业可以通过内部通信、邮件、企业内网等平台，定期向员工传达最新的合规要求、政策变化和典型案例。通过定期更新信息，员工可以时刻保持对合规动态的关注，避免因信息滞后而导致的违规行为。比如，当监管政策发生变化时，企业应迅速通过内部渠道传达给全体员工，确保新政策得到及时执行。

第二，案例学习与分享。通过定期的案例分享会，企业可以让员工了解行业内外的合规典型案例，特别是那些由于合规失误而遭遇重大危机的企业案例，这些"反面教材"往往能对员工产生深刻的警示作用。通过集体讨论和分析案例，员工可以学会如何在实际工作中避免类似的错误，进一步增强合规意识。

第三，合规标语与文化活动。为了使合规文化深入人心，企业可以设计一些易于记忆的合规标语，并在办公室的显眼位置张贴，随时提醒员工合规的重要性。此外，企业还可以定期举办一些合规主题的文化活动，比如合规知识竞赛、合规宣传月等，通过这些活动，可以激发员工参与合规文化建设的积极性，增强全员合规的氛围。

4. 通过合规培训和文化渗透提升企业竞争力

当合规文化真正渗透到企业的各个角落时，合规培训与文化建设不仅能帮助企业规避法律风险，还能成为企业提升竞争力的核心要素。

第一，增强企业的市场信任度。在市场竞争激烈的今天，客户和合作伙伴对于合规性的要求日益严格。一个合规体系健全、合规文化深入的企业，往往能够赢得市场的广泛信任。通过持续的合规培训和文化建设，企业可以向外界传递出其在法律、道德和社会责任上的可靠形象，进而在激烈的市场竞争中脱颖而出。

第二，提升内部管理水平。合规文化的推广能够帮助企业不断提升内部管理水平。通过定期的培训和文化宣导，员工的合规意识得到增强，管理流程也会更加透明和规范。这不仅能够减少内部管理中的违规现象，还能提高工作效率，优化资源配置，帮助企业实现长远发展。

第三，吸引优秀人才。合规文化的成功渗透还可以成为企业吸引优秀人才的重要手段。尤其是年轻一代求职者，越来越重视企业的社会责任和道德规范。一个合规文化浓厚的企业，不仅能够赢得客户的青睐，还能吸引具有合规意识和责任感的优秀人才，为企业的持续发展注入新鲜血液。

第四节　合规监测与持续改进机制

国内某知名食品企业因供应链中的一个小环节未严格遵守食品安全标准，导致部分产品被检出含有有害物质。一时间，公众的信任迅速崩塌，消费者纷纷对该品牌表示失望和愤怒，社交媒体上对企业的负面评论不断增加。股价在危机发生后的短短几天内大幅下跌，损失惨重。不仅影响了企业的财务状况，也让其在竞争日益激烈的市场中处于不利地位。尽管该企业的食品安全制度在纸面上看似完备，涵盖了多项食品安全标准和操作流程，但由于缺乏有效的合规监测和持续改进机制，最终问题未能及时发现和解决。相较于其声称的严格标准，实际操作中存在的管理漏洞，使得危机成为不可避免的结果。

事发后，该企业迅速采取行动，不仅加强了内部合规监测，还引入了外部审计，并启动了一系列的改进措施。这一案例表明，合规监测和持续改进机制对于企业的合规管理至关重要，能帮助企业及时发现潜在问题并迅速作出应对，避免问题扩大化。

企业的合规管理并不仅仅依赖于制定完善的规章制度，真正有效的合规管理还需要持续的监测和改进。通过不断评估现有的合规实践，识别潜在风险，并根据内外部环境的变化作出调整，企业才能在复杂的法律、监管和市场环境中保持合规。这不仅能够帮助企业规避风险，还能提升企业的运营效率和竞争力，如图6-4所示。

第六章　构建高效的企业合规管理体系

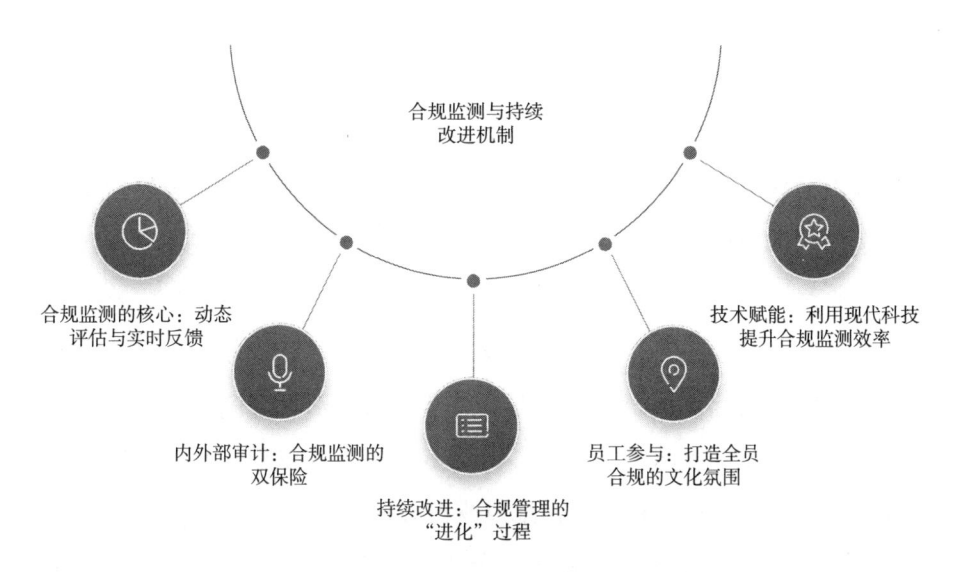

图 6-4　合规监测与持续改进机制

1. 合规监测的核心：动态评估与实时反馈

合规监测是企业合规管理中最为关键的环节之一。企业必须建立起动态监测机制，确保合规要求能够随着法律法规、市场环境的变化而及时更新。合规监测的核心在于实时评估企业的日常运营，快速识别潜在的合规问题，并确保各部门能够及时反馈，避免问题扩大化。

第一，实时监控与数据收集。通过引入现代化的监控工具，如信息化合规管理系统，企业能够实现对合规关键点的实时监控。比如，财务系统中可以自动检测潜在的税务违规行为，或者供应链管理系统中能识别未达标的产品质量标准。通过这些工具，企业可以有效监控各类合规风险，确保一旦发现问题，能够迅速响应并进行处理。

第二，定期审查与报告机制。除了实时监控，企业还应定期进行合规审查和风险评估。通过每季度或年度的合规审计，能够全面检查企业在不同运营环节中的合规情况，并向管理层提供详细的审查报告。这些报告不仅能够帮助企业了解当前的合规状态，还能为后续的改进提供决策依据。

2. 内外部审计：合规监测的双保险

单靠企业内部的监测往往难以全面发现所有的合规问题，这时，外部审计机构能够为企业提供重要的第三方评估，确保企业的合规管理体系足够健全。内部监测和外部审计相结合，可以为企业合规管理提供双保险，帮助企业有效防范合规风险。

第一，内部合规审计。企业应设立独立的合规审计部门，定期对内部合规管理体系进行评估。这种内部审计有助于识别管理流程中的漏洞，检测是否存在违反合规制度的行为。内部审计的优势在于其对企业内部情况了解更为透彻，能够更有针对性地发现潜在问题。

第二，外部审计的专业视角。外部审计机构可以为企业提供更客观的合规评估。由于外部审计机构拥有丰富的行业经验和专业知识，他们可以从更广阔的视角审视企业的合规管理，并提出切实可行的改进建议。此外，外部审计的评估结果更具有公信力，能够在市场和公众中树立企业的合规形象。

3. 持续改进：合规管理的"进化"过程

企业所处的外部环境不断变化，法律法规和市场监管要求也在不断更新。因此，合规管理体系不能是静态的，它必须具备持续改进的能力，以适应外部环境的变化。持续改进不仅有助于企业解决当前的问题，还能为未来的合规风险做好准备。

第一，反馈机制的建立。合规监测发现的问题，必须通过高效的反馈机制迅速传达给相关部门。各部门应当根据反馈结果及时调整操作流程或进行培训，确保问题不再发生。比如，在供应链管理中，如果发现某个供应商的合规表现不达标，企业可以根据反馈结果立即更换供应商，或者强化对供应商的管理监督。

第二，滚动式改进。持续改进意味着企业必须保持对合规管理的灵活性和适应性。合规管理部门应根据审计结果和外部环境的变化，定期调整合规策略。比如，随着税务政策的更新，企业需要及时更新税务合规指南，并对员工进行再培训，确保他们能够理解并执行新的政策。

4. 员工参与：打造全员合规的文化氛围

合规监测和持续改进的有效实施，离不开员工的积极参与。全员参与的合规文化能够帮助企业在日常运营中形成合规意识，员工不仅能够自觉遵守合规要求，还能够在工作中主动发现和反馈潜在的合规问题。

第一，培训与意识提升。企业应当通过持续的合规培训，提升员工的合规意识，让他们认识到合规不仅仅是企业的责任，更是每个员工的责任。通过具体的案例分享和情景演练，员工能够更加深入地理解合规的重要性，并学会如何在工作中有效识别合规风险。

第二，合规问题报告渠道。为了鼓励员工积极参与合规监测，企业可以设立匿名的合规问题举报渠道，让员工能够在发现潜在的合规问题时及时上报，而不用担心因此遭受惩罚。通过这种机制，企业可以更早地发现问题，并进行针对性的调整。

5. 技术赋能：利用现代科技提升合规监测效率

在数字化时代，科技手段已经成为合规管理的重要工具。通过AI、大数据分析、区块链等技术，企业可以大幅提高合规监测的效率和准确性，降低人工审核的成本，并减少人为错误的发生。

第一，AI与大数据分析。AI和大数据可以帮助企业分析海量的运营数据，从中识别潜在的合规风险。比如，通过对财务报表的自动化分析，AI可以迅速发现异常交易或数据，帮助企业及时发现潜在的财务合规问题。

第二，区块链技术的应用。区块链技术因其透明、不可篡改的特性，已经被广泛应用于供应链管理、合同管理等领域。通过区块链技术，企业可以确保每一笔交易记录和合约条款的透明性，从而避免合规风险。此外，区块链还能为企业提供一个可靠的审计追踪工具，帮助监管机构更有效地进行审查。

> **案例链接**
>
> ## N公司如何通过数字化监测和持续改进实现合规管理
>
> 随着N公司全球化布局的不断推进，其在多个地区的业务迅速扩张，涉及众多国家的法律、财税、环保等合规要求。特别是在服装制造和销售方面，不同国家的法律规定迥异，给N公司带来了合规方面的巨大挑战。为了应对日益复杂的合规风险，N公司引入了先进的数字化合规监测平台，并依托AI与数据分析，构建了一套动态的风险预警与持续改进机制，确保在全球各地的运营中保持高度的合规性与风险防控能力。
>
> 一、案例背景：国际市场合规要求与N公司全球布局的挑战
>
> 作为运动服饰行业的领先品牌，N公司从2020年开始加快全球化战略步伐，逐渐进入了东南亚、欧洲、北美洲等多个重要市场。随着市场的拓展，公司面临的法律、财务、税务、环保和社会责任等多方面的合规要求不断增加。例如，在欧洲市场，环保法规相当严格，要求公司在供应链管理和生产制造过程中减少碳排放并使用可持续材料；而在东南亚市场，不同国家在进口商品的税务政策上存在差异，稍有疏忽便可能导致高额罚款。
>
> 为应对这些全球化布局带来的合规挑战，N公司决定借助数字化技术升级其合规管理体系，以提高监控效率和风险预警水平。同时，通过动态的合规监测和改进机制，公司可以对不同国

家的合规要求作出快速反应，确保业务活动符合当地法规，避免合规风险带来的运营损失。

二、数字化合规监测平台：实现实时追踪与风险预警

N公司引入的数字化合规监测平台，涵盖了公司从生产到销售的全链条业务。该平台利用数据分析与AI算法对公司业务数据进行实时监控，能够迅速识别异常交易和潜在合规风险。平台主要分为以下几项功能模块：

1. 数据采集与整合

N公司将全球业务的数据，如财务数据、税务记录、采购合同、生产环节信息和员工管理等，全部集中在数字化平台上。通过将各个子公司和工厂的实时数据自动汇总，公司能够随时掌握各地的业务状况并及时发现合规风险点。

2. 风险预警机制

N公司的合规监测平台具备动态风险预警功能，依托数据分析和AI技术，能够根据各国法规的变化以及公司经营数据的异常情况，自动生成预警。例如，如果在某个国家的生产工厂碳排放量超过了当地法规的限值，系统将立刻发出警报并通知相关负责人，以便采取迅速的整改措施。

N公司数据显示，自2022年实施数字化平台以来，平均每月检测出5至10项潜在的合规风险。通过即时预警，公司在全球市场上的合规风险发生率降低了40%，为N公司避免了约200万美元的潜在合规罚款。

3. 数据分析与风险评估

平台利用数据分析技术，根据不同国家和地区的法规变化，对公司各部门和各业务环节的合规风险进行评估。系统根据历史

数据和市场动态分析出潜在的合规风险，例如海关税收政策调整、新的环保法规颁布等。公司数据显示，该风险评估功能帮助N公司在东南亚市场提前发现了进口税率调整的风险，使公司调整了产品价格策略，避免了上百万美元的关税支出。

三、持续改进机制：合规管理的动态优化

为确保合规管理的有效性，N公司在监测平台的基础上建立了持续改进机制，通过定期的数据回顾、合规性审核及改进反馈，动态调整合规策略，以应对各地法规的快速变化。以下是N公司持续改进机制的三大核心流程：

1. 定期合规审核

N公司每季度都会通过数字化平台的数据报告，进行一次全面的合规审核。通过审核，合规团队会详细检查所有业务活动的合规情况，对高风险领域进行重点关注，如供应链环节中的环保合规和财务报告中的税务合规。2022年第三季度的审核结果显示，公司在环保合规方面存在部分细微问题，相关部门根据平台反馈的建议迅速进行了整改，使公司合规率达到了98%以上。

2. 反馈改进流程

N公司设立了反馈改进流程，确保任何合规性问题都能够及时得到纠正并优化。例如，在一次季度审核中，系统检测到某地子公司未遵守最新颁布的劳动法规，相关部门迅速处理并进行了补偿，同时对该区域的合规流程进行了优化。公司数据显示，2022年平台反馈的问题中，有78%的改进措施在反馈后48小时内完成，大大减少了合规漏洞可能带来的风险。

3. 数据更新与法规跟踪

N公司为确保合规管理的实时性，特意增设了数据更新和法

规跟踪模块。该模块与外部法规数据库对接，自动获取最新的法律法规信息，更新到合规监测平台中，以确保公司的合规管理能够与时俱进。例如，当美国环保法规变更时，系统会自动更新相关的合规标准，公司能迅速根据新法规调整供应链管理策略。这一功能帮助公司避免了由于法规滞后造成的合规问题，极大地提高了公司的合规管理效率。

四、合规监测与改进成效：保障业务稳健发展

通过数字化监测与持续改进机制，N公司显著提升了全球化业务中的合规水平，确保了公司在不同市场上的运营合法合规，为企业的持续稳健发展打下了坚实的基础。

1. 降低合规违规风险

N公司的数字化合规平台和持续改进机制有效避免了多起潜在的合规问题，帮助公司在不同国家和地区的合规性得到保障。公司数据显示，数字化平台正式投入使用的第一年，N公司在海外的合规事件发生率较前一年减少了50%，避免了超过300万美元的合规罚款。

2. 提高合规管理效率

借助数据分析和自动化处理技术，N公司在合规管理上的效率得到了显著提升。以往，合规审核通常需要10天才能完成，但通过数字化平台，审核时间缩短到了3天，整体合规管理效率提高了70%。N公司在合规审核方面节约了50%的成本，使合规管理更加高效、便捷。

3. 增强企业社会责任形象

N公司合规监测平台的建立不仅是为了规避风险，也体现了公司在社会责任方面的积极作为。通过对环保合规和员工权益保护的严格管理，公司在市场中树立了高度合规和负责任的品牌形象。调查数据显示，超过65%的客户认为N公司是一个社会责任感强、值得信赖的品牌。这一品牌形象不仅帮助公司吸引了更多消费者，也为公司赢得了多项环保和合规奖项。

五、案例启示：数字化监测与持续改进在企业合规管理中的重要性

N公司借助数字化监测和持续改进机制在合规管理方面取得了显著成效，为其他企业提供了宝贵的经验，特别是在全球化布局的企业中，其合规管理模式具有很高的参考价值：

1. 数据驱动的合规管理

通过数字化平台和数据分析技术，企业可以实现合规管理的实时监控和快速反应。这种数据驱动的合规管理方式极大提高了管理效率，使企业在复杂的国际法规环境中保持合规性。

2. 动态调整与持续改进

N公司的持续改进机制表明，合规管理不应是一次性投入，而是一个动态调整和优化的过程。定期审核和反馈机制可以使企业根据业务和法规变化进行灵活调整，确保管理系统适应不同市场需求。

3. 提升企业社会责任和品牌形象

在合规管理中，不仅要注重防控风险，还应关注企业的社会责任与环保合规。N公司的合规管理体系不仅帮助公司规避了财务风险，还增强了品牌社会责任形象，对公司长期发展起到了积极作用。

第七章　个人资产保全与智慧配置

在现代经济环境中，个人资产的保全与智慧配置已成为高净值人群和普通家庭共同关注的重要议题。财富管理不再仅仅是追求资产的增值，更是防范风险和实现长期财富安全的重要手段。本章将围绕个人资产管理与保全的核心议题展开，从理论到实践，全面剖析相关策略与工具。首先，讨论个人财富管理的意义，阐明资产保全的重要性，特别是在经济波动和不可控风险增加的时代背景下。其次，本章将介绍资产配置的基本策略与原则，包括如何通过科学的投资组合实现风险分散与收益最大化。我们将结合实例，探讨大数据和 AI 等最新技术如何优化资产管理工具的应用，例如智能投顾、数字化信托和保险金信托的结合。通过这些内容，本章旨在为读者提供系统化的个人资产保全与管理思路，帮助实现财富的长期保值与增值。

第一节　个人财富管理与资产保全的重要性

王总是一位成功的女企业家，凭借其卓越的商业头脑和不懈的拼搏精神，积累了雄厚的经济实力。然而，她的婚姻生活并不顺遂，早年与丈夫因种种矛盾最终离婚。他们育有一女，抚养权归王总。

王总的女儿个性独立，在大学期间结识了一位家境虽不佳却彼此深爱的小伙子。面对女儿的婚事，王总初时不赞成，认为两家背景悬殊，但女儿坚持己见，甚至一度与母亲疏远。最终，女儿与丈夫移居广州，开始了新生活。

几年后，王总闻讯女儿怀孕后生活拮据，急忙赶往广州探望。发现女儿与女婿蜗居在一套狭小的出租房内，工作不稳定，生活艰辛。王总心疼女儿，决定在广州全款为女儿购置一套房产。出于对女儿的信任，房产直接登记在女儿名下。

然而，天有不测风云。在女儿怀孕期间，一场车祸意外夺去了她年轻的生命。王总不仅痛失爱女，还面临财产难题。

根据《中华人民共和国民法典》(以下简称《民法典》)可知，房产虽登记在女儿名下，属其个人财产，但女儿去世后，该房产将作为遗产进行分配。若女儿留有遗嘱，则按遗嘱继承；若无遗嘱，则按法定继承顺序处理。此案例中，未提及女儿是否留有遗嘱，因此应按法定继承顺序来分配遗产。根据《民法典》规定，第一顺序继承人为配偶、父母、子女。由于女儿已去世，这意味着王总不得不面对女儿的丈夫及可能的其他亲属，共同分割这笔财产。

此变故让王总深刻反思产权归属与实际控制之间的复杂关系。将财产登记在子女名下虽看似关爱，但若无妥善法律安排，可能导致财产无法实现保全和传承目标。这也提醒企业家和财富管理者：在《民法典》新背景下，合理的财富规划和资产保全措施必须更加周全细致。通过制定遗嘱、设立信托等方式，可有效实现资产意愿传承和控制，避免纠纷和遗憾再次发生。

王总的经历是财富管理和资产保全中一个典型的教训。看似充满关爱的财产赠予，一旦缺少严谨的法律保护和资产安排，可能导致未来财产的实际控制权与初衷偏离。随着社会发展，越来越多的高净值人群意识到，资产的保全不仅是财产名义上的所有权，更在于确保在法律保护下的实际控制与传承实现。因此，合理规划财富和资产保全已成为高净值人士维护财产安全和家族利益的核心措施。个人财务管理与资产保全的重要性，如图7-1所示。

个人财富管理的重要性 ─── 1 ─── 2 ─── 资产保全的基本策略

个人财富管理与资产保全的重要性

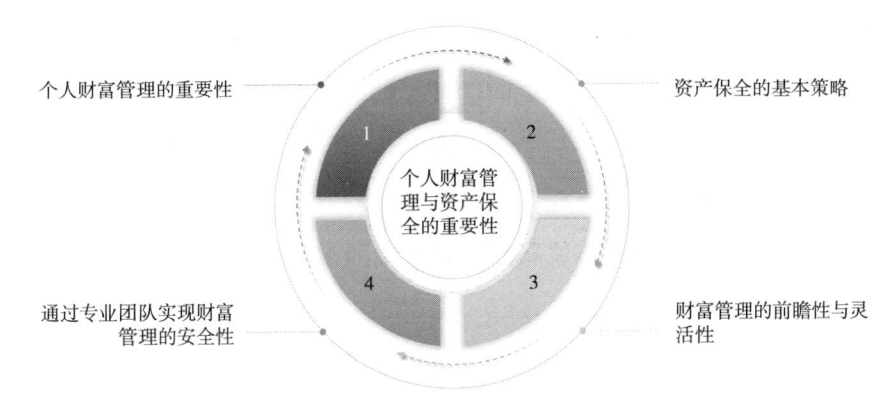

通过专业团队实现财富管理的安全性 ─── 4 ─── 3 ─── 财富管理的前瞻性与灵活性

图 7-1　个人财务管理与资产保全的重要性

1. 个人财富管理的重要性

个人财富管理不仅是对资产的有效运用，更是对未来风险的前瞻性安排。许多高净值人士因缺乏全面的财富管理理念，未能认识到财产可能随家庭关系变化而产生的实际风险。在现实中，家庭的变动和子女的婚姻关系都有可能导致资产的不可控性，甚至在突发情况下引发财产争议和损失。

（1）确权与可控性

资产的真正可控性取决于确权和法律结构的完整性。例如，王总因出于信任直接将房产登记在女儿名下，但因没有考虑到未来风险，导致失去对资产的控制权。因此，财富管理中应当明确实际所有者与财产受益者之间的关系，通过法律文件确保财产归属权与控制权的稳定性。

（2）风险防控

财产的名义确权并不等于实际可控，缺乏合理安排的财富分配会使风险难以把控。例如，王总希望女儿能无忧无虑地拥有房产，但因女儿意外身故导致了房产被女婿继承。这种不可控的财产分配问题时常发生，因此高净值人士需要在财富管理时建立一整套防控机制，确保资产的稳健传承。

（3）传承的长期性与安全性

王总案例中反映出的另一个问题是，缺乏妥善的财产传承机制导致了意愿传承目标的难以实现。高净值人群在设立财富分配计划时应考虑长远传承的安全性，通过家族信托、保险金信托等方式，保障财产能够按照既定意愿传承下去，避免资产被非预期的人或因素影响。

2.资产保全的基本策略

合理的资产保全策略可以有效避免财产纠纷，将个人财富风险控制在可接受的范围内。通过合理的资产配置和法律结构，资产保全策略确保了高净值人士的实际权益得以实现。

（1）家庭资产隔离与信托保护

为保障资产传承的清晰性和可控性，可以考虑建立信托或设立家族公司来隔离家庭资产。例如，若王总将广州房产设立为家族信托的一部分，通过信托管理保证房产未来的支配权在母亲的控制之下，那么即使发生突发状况，信托结构也能在一定程度上避免房产因婚姻或意外失控。

（2）财产分配文件的完善

在子女婚姻不稳、个人资产流动频繁等情况下，通过遗嘱、赠予协议等法律文件来明确财产归属，有助于减少未来潜在的财产争议。例如，若王总在赠予房产时与女儿签署了赠予协议，约定房产在特定情况下的继承归属，那么房产可能不会因意外而被非预期对象继承。

（3）提前构建资产风险隔离结构

在家庭成员财产代持或子女婚姻关系复杂的情况下，通过"风险隔离结构"使资产得到更高的安全保障。以王总为例，她可将房产转至家族公司持有，这样若发生继承或婚姻变动，该公司控制权可以根据家族协议进行调整，降低家庭矛盾对资产分配的影响。

（4）保值工具与传承工具结合

资产保全不仅仅是保值，还应具备传承的灵活性。使用公证、遗嘱、保险、保险金信托、信托可将资产通过"既给又不给"的方式进行隔离，即在法律上确保子女拥有资产的名义所有权，但在实际控制和分配上，资产仍然归属在长者或家庭长辈名下。这种方式保障了家族资产的传承安全，也使受益人具备更强的财产支配权和使用权。

3.财富管理的前瞻性与灵活性

在现代财富管理中，未雨绸缪的前瞻性规划和灵活调整是保障资产长期可控的关键。在王总的案例中，如果能在财产分配前考虑更灵活的资产保全和传承结构，将大大降低意外带来的资产风险。

（1）动态资产管理

资产管理应根据子女的成长、婚姻变化等情况动态调整。例如，王总可以通过定期调整信托计划或定期评估家族资产结构，确保财产的分配随时符合家庭需求并预防突发风险。在子女进入婚姻关系后，定期审查财产的归属和使用情况，必要时通过合同条款和信托条款重新分配财产，保证财产归属的安全性。

（2）多元化的财产结构

通过建立多元化财产结构，可以确保资产的分布和流动性。例如，除房产外，王总可通过购买货币基金、黄金、保险等相对流动性高、抗风险强的资产，既能保证资产的分散性，也增加了家族财富在不确定条件下的灵活性。即使发生法律或经济波动，多元化的财产配置也能保障家庭财富的长期稳健性。

（3）提前安排婚前协议

若父母担心子女婚姻变动影响家族财产，可在子女婚前通过婚前协议安排财产归属，从而降低子女因婚姻关系带来的财产风险。例如，王总可以在女儿婚前通过法律约定将房产定义为个人财产，避免因婚姻状况变化而产生的意外分割。

（4）设置有效的继承和分配条款

在法律框架下通过定制化的信托、遗嘱、保险等工具安排，明确资产在各种情况下的传承方式。若王总在赠予房产时设置了特定条款或信托安排，例如规定在子女去世后资产的归属，该财产在意外后将不会被非预期人继承。

4. 通过专业团队实现财富管理的安全性

高净值人士在资产保全中应借助专业财富管理团队的力量，确保财产的合法性、流动性和安全性。通过与律师、会计师、信托顾问等专业人士的合作，制定适合自身需求的财富管理方案，确保家族财富在法律的框架下得到安全保全和传承。

（1）法律顾问协助的财产保全

通过专业律师的帮助，可以完善财产的代持、赠予和分配协议，降低潜在法律纠纷。例如在王总案例中，如果她能在赠予前咨询律师并签署赠予协议或遗嘱条款，将可控性进一步提高，就能减少后续因家庭关系导致的财产纠纷。

（2）信托顾问的传承规划

信托顾问能够帮助高净值人士设计长期的传承安排。例如通过设置"家族信托"，即使王总的子女去世，财产也会通过信托机制流向王总指定的继承人，不会因为婚姻变化或突发事件而被强制分配。

（3）财税规划团队的合理规划

财税团队可以为高净值人士设计税收优化和风险隔离的财产配置方案。例如，财税团队可以为高净值人士设计税收优化和风险隔离的财产配置方案，通过设立家族控股公司分配股权进行税收优化。

案例链接

孙总的资产代持纠纷

孙总是一位成功的企业家,资产丰厚,事业蒸蒸日上。然而,出于多种原因,他决定采取资产代持的方式,将部分资金和房产分别登记在母亲和表弟的名下。一方面,孙总希望通过这种方式降低自己名下的"资产水位",规避部分风险,另一方面,他认为这些至亲在生活中相对稳妥可信。然而,这些初衷和安排,在意外的变故下,使得孙总陷入了意想不到的财产控制困境。

1. 母亲代持资金的纠纷

孙总将数千万元的资金代持在母亲的名下,并心照不宣地认为这些财产始终是自己的。作为家庭中的核心人物,孙总在家中地位举足轻重,平时家庭大小事务都以他为主导。然而,他的姐姐对孙总在家庭中的话语权和决策地位并不满意,家庭关系因此存在一些不和谐的潜流。

不久之后,孙总的母亲突然去世。按照原本的打算,孙总认为自己可以直接拿回母亲名下的这笔资金。然而,由于母亲未留下明确的财产分配遗嘱,姐姐主张将母亲的全部遗产平分,包括孙总代持在母亲名下的那部分数千万元资金。姐姐认为,母亲去世后留下的财产应按法律程序继承,无法按孙总个人意愿将代持资金完全转回。

于是,姐姐向法院提出了分配遗产的申请,并指出母亲名下资金属于其法定财产的一部分。法院最终判决,这些资金确属母亲遗产的组成部分,应按照法定继承程序进行分割。在判决生效后,孙总发现自己代持的资金不仅未能顺利回归,还面临着被姐姐分割的风险。这场变故令孙总意识到，代持安排虽然在短期内达到了"隐匿"部分财产的目的，但同时也剥夺了对这些资产的实际控制权。

2. 表弟代持房产的分割

除了资金，孙总还将价值数千万元的房产登记在了表弟名下，以进一步分散名下的高价值资产。这套房产位于市中心的黄金地段，升值潜力巨大。孙总认为表弟生活安稳，人也可靠，代持这套房产是一个稳妥的选择。然而，数年后，表弟与其妻子感情破裂，双方矛盾激化，进入离婚程序。按照法律，表弟名下的财产属于夫妻共同财产，尽管孙总拥有实际权益，但由于房产证登记在表弟名下，该房产被视为表弟夫妻的共同财产。

在离婚分割的财产程序中，表弟的妻子要求依法分割名下资产，包括这套房产的一半权益。孙总虽心急如焚，但无法在法律上阻止房产的分割，因为在法律文件上，他并非房产持有者。在法院判决后，这套原本价值数千万的房产，孙总失去了对其控制权，并且房产所有权被强制性地一分为二，表弟的妻子获得了房产的50%权益。

3. 代持带来的教训

经过母亲遗产的分割和表弟房产纠纷的双重打击，孙总深刻意识到代持安排在家庭资产管理中带来的巨大风险。原本以为代持是一种简便且安全的"隐匿"手段，但实际结果却让他深陷困局。代持资产的"水位降低"并没有真正保护资产，反而在法律上造成了实际的所有权与控制权的分离。

代持安排存在的核心问题在于：法律上代持人并非实际拥有者，代持关系属于隐形的约定，无法得到法律的绝对保护。代持人名下的财产也会按法律程序分配，而代持资金与房产都将面临难以收回的困境。

孙总的经历提醒我们，在进行个人财富管理和资产保全时，不应将代持视为一种长期稳妥的解决方案。代持带来的"隐匿性"效果难以持久，而代持人婚姻变化或去世都可能引发资产所有权的重新划分。财富管理与资产保全的真正安全性，源于合法、合理的财产规划，而不是通过代持等手段来规避名义上的风险。

对于高净值人群而言，财富管理中的"隐匿"和"代持"并不能从根本上规避风险，反而可能引发新的财产争议。作为财富管理的一项重要内容，企业主和高净值人士可以借助信托、保险和遗嘱等法律手段来确保资产的安全传承。在孙总的案例中，如果其早期选择通过金融工具管理母亲名下的财产，或者在房产购置阶段签署法律协议明确所属关系，均有可能避免后续的纠纷。

第二节　资产配置的基本策略与原则

刘先生是一位企业家，拥有资产约 1.3 亿元，但同时也背负着 5 000 万元的债务。某日，刘先生突然离世，留下的财富与债务引发了复杂的继承问题。依据《民法典》的相关规定，首先需要清偿 5 000 万元的债务，剩余的 8 000 万元则作为遗产进行分配。法律规定，刘先生的父母、妻子及子女均享有继承权。

经过法律程序，刘先生的妻子首先继承了 4 000 万元，随后剩余部分按比例在父母、妻子和子女间分配。最终，刘先生的父母、妻子和孩子小刘各自继承了 1 000 万元。如今小刘已婚，根据《民法典》关于夫妻共同财产的规定，小刘所得遗产将与其配偶共同所有，这意味着小刘实际个人所得的继承份额仅为 500 万元，即父亲财富的 6.25%。这显然与刘先生希望为儿子提供财富保障的初衷相悖。

此事件揭示了一个深刻问题：许多企业主在财产传承上常持"等待"心态，认为规划可延后。然而，等待往往意味着失去。刘先生未进行有效财富传承规划，导致财富未按照自己的意愿传承，这是高净值家庭常忽视的问题。

更复杂的是，若未来引入遗产税或资产税，刘先生的财富在分配过程中可能进一步减少。问题的根源在于缺乏预先的财富规划与税务优化，使财富传承面临不可避免的损失与分割。

若刘先生提前规划，情况或可不同。假设他合理分割 1.3 亿元资产，清偿 5 000 万元债务后，以更优结构配置剩余资金。例如，除去 5 000 万元债务后剩下的 8 000 万元，其中 5 000 万元刘先生和刘太太各用 2 500 万元做遗嘱，受益人为小刘，小刘确保能拿到 5 000 万元，另 3 000 万元进行保险配置，假设身故理赔金为 4 000 万元，受益人为小刘，其中 2 000 万元直接给到小刘作为创业基金，另 2 000 万元进入保险金信托给小刘以后的生活足够的现金流，保障小刘的生活品质，本金不动的前提下可以做到多代传承。规划之后，小刘继承了父亲财富的 81.25%，是未做规划前的 13 倍。

这个案例突显了资产配置和财富传承规划的巨大价值：提前规划，确保财富的最大化传承，不仅能避免因法律和税务问题而导致的财产缩水，还能确保资产按照企业主的真实意图流转。这一案例也提醒我们，在面对高净值资产的管理时，不能忽视法律、税务、信托、保险等多方位的综合安排，确保财富能够平稳、高效地传递到下一代。

在个人财富管理中，资产配置是实现财富增长与风险控制的核心步骤。通过合理的资产配置策略，可以在多个资产类别之间进行有效的资源分配，从而平衡潜在回报和风险。这一过程不仅仅是财务目标的实现，更是为了确保财富在未来持续增长和安全传承。接下来，我们将探讨资产配置的四种基本策略，它们可以帮助读者在面对不同的风险和目标时作出科学决策，确保财富既能得到有效管理，又能够在关键时刻保持安全，如图7-2所示。

图7-2 资产配置的基本策略与原则

1.经营性资产与个人资产的隔离

经营性资产与个人资产的隔离是资产配置中最基础也是最重要的一项策略。企业主尤其需要谨慎处理企业与个人财务之间的关系，确保在财务管理上做到清晰划分，防止经营风险蔓延到个人资产。

（1）避免企业风险传导到个人资产

经营性资产是与企业运营直接相关的资产，它包括企业的固定资产、库存、应收账款、投资等，而个人资产则是企业主或家庭成员用于生活、储蓄及投资的资产。两者如果没有明确的隔离，企业的财务风险就可能直接波及个人财产，从而带来严重的法律和财务后果。

例如，如果企业面临债务违约或诉讼风险，且公司与个人财产没有有效隔离，那么法院可能会要求企业主以个人资产偿还公司的债务。为了避免这种风险，企业主应当通过设立控股公司或"钱袋公司"等结构来确保企业财产和个人财产的隔离。具体做法包括：

第一，控股公司结构。企业主可通过控股公司持有个人资产，确保公司财产与个人资产不直接挂钩。控股公司能够将企业资产与个人财产进行分离，同时享受一定的税务优化和资产保护。

第二，股权架构优化。通过合理的股权架构安排，确保企业资产和家庭资产的有效隔离，做好家庭的防火墙，在企业经营不善时避免牵连到家庭资产。

（2）税务优化与合法性保障

经营性资产与个人资产的隔离还可以带来税务优化的好处。通过设置合适的股东结构或分红方式。例如，设立控股公司后，企业主可以通过控股公司向个人支付股息和分红，享受较为优惠的税率，并且避免企业层面的税收负担。同时，控制股权结构有助于实现企业财富的有效传承和控制。

2.家庭生活备用资金的配置

家庭备用金的配置是资产配置中的第二项重要策略。家庭备用金是为了应对日常生活开支或突发事件（如医疗急需、紧急支出等）而准备的资金。这部分资金必须具备较高的流动性和低风险性，以确保在任何经济波动或生活变故中都能为家庭提供必要的保障。

（1）确保充足的生活保障

高净值人士在进行家庭财务管理时，通常会优先考虑家庭成员的生活保障问题。家庭备用金应当根据家庭成员的数量、生活标准及日常支出进行合理配置。一般建议家庭备用金的数额能够覆盖3至6个月的家庭生活开支，这样可以确保在突发状况下，家庭的基本生活不会受到影响。

（2）高流动性与低风险

家庭备用金需要保留一定的流动性，这意味着资金应当可以在短时间内进行转换。例如，短期理财产品、货币基金、银行存款等都是适合家庭备用金配置的低风险资产。这些工具不仅可以保证资金的安全性，还能够获得一定的回报，避免家庭资产因通货膨胀而贬值。

（3）灵活配置

家庭备用金的配置不应过于死板，而是要根据家庭需求灵活调整。例如，在某些家庭中，可能需要更多的医疗储备金或教育储备金，因此应根据家庭成员的不同需求调整备用金的比例。如果家庭成员面临留学、医疗或其他高开销需求，那么备用金的配置应当适当增加。

3.风险隔离型资产

风险隔离型资产是指那些通过法律或金融工具进行隔离的资产，以防止因法律诉讼、资产冻结等突发事件影响到资产的控制权。为了应对未来可能发生的风险，企业主和高净值人士应当考虑将部分财产通过信托、保险等工具进行隔离，确保这些资产在面临外部风险时能够保持安全和可控。

（1）资产隔离与隐性资产的设立

如果某些资产具有较高的风险，或者个人面临的家庭、法律、经济风险较大，可以通过设立隐性资产的方式进行隔离。资产在未发生风险前进行隔离，把显性资产相对隐性化，确保这些资产在发生不确定风险时不被分割。

通过信托确保在法律风险或继承问题上，资产能够按照预定计划进行传承。家族信托不仅可以实现税务优化，还能有效隔离债务或诉讼风险，确保资产在下一代之间平稳传承。

利用保险金信托将保险理赔金放入信托账户中，这些资金不计入遗产并不被直接继承，同时避免未来高额的遗产税。

（2）保障资产的控制权

对于高净值人士来说，控制权不仅仅是资产的所有权问题，更多的是对财富的管理和决定权。通过设置信托、保险金信托等工具，可以确保在任何突发情况下，资产依然能够按照个人的意愿进行管理和分配。这不仅是资产保全的手段，也是财富传承的重要保障。

4. 境外资产规划

境外资产规划是指在跨境财富管理中，通过合理安排境外资产配置，避免因境内外政策变化导致财富的流失。对于有海外生活、留学、移民等需求的高净值人士，境外资产配置尤为重要。

（1）资产多元化与国际化配置

随着全球化进程的推进，境外资产规划已成为高净值人群财富管理中不可忽视的一部分。通过将资产配置到多个国家和地区，能够分散单一国家经济波动、法律政策变化带来的风险。例如，投资成熟市场的同时，可以考虑将部分资产配置到新兴市场。

（2）税务优化与跨境信托

跨境资产规划中，税务优化是重点之一。通过了解各国税法差异并合理规划，可以有效减少税负。例如，境外信托可以为高净值人士提供更大的税收优惠，并确保财富的长期传承。

境外信托可以为家族财富提供更高的隐私保护和灵活传承安排。通过境外信托结构，可以对某些高税率国家遗产税、赠予税进行优化，同时实现财富的国际化。

（3）避免政策变化风险

境外资产规划还需要考虑各国政策的变化，尤其是在政治风险较高的地区。例如，某些国家的税收政策、外汇管制等因素可能影响到资产的流动性和增值空间。通过合理选择投资工具和税务结构，可以确保资产在政策变化下仍然能够保持稳定增长。

案例链接

林先生的多元化投资与财富安全保障

P电商平台创始人林先生在2023年卸任总裁职务后，选择将个人财富进行多元化投资，展示了合理配置财富、降低单一风险的重要性。作为拥有百亿资产的高净值人士，林先生通过一系列分散化的财富管理措施，不仅增强了个人资产的稳定性，还在充满不确定性的经济环境中为自身财富保值增值提供了强大支撑。本案例将详细解析林先生的财富配置策略与实施效果，为个人投资者在财富管理方面提供借鉴。

一、案例背景：卸任后林先生的财富管理需求

2023年，林先生从P电商平台总裁职务上退下，表示希望将更多精力投入到社会事业和科研创新中。同时，伴随这一职务变更，他所持有的大量P电商平台股权成为其资产的核心部分。虽然股权增值潜力巨大，但它具有集中性高、风险难以分散等特点，使得林先生的财富结构需要进一步优化和配置，以确保财务的稳健性与抗风险能力。

一些客观因素带来的经济波动进一步促使他优化财富结构，因而林先生选择通过多元化投资策略合理分散资产风险，提升个人财富的抗跌性和增长潜力。

二、多元化投资策略及配置原则

林先生的财富配置策略遵循了分散化、流动性、长期增长三大基本原则，并在资产种类与比例方面进行了详细规划：

1. 股权分散与财富解锁

林先生持有大量P电商平台股票,因此股权解锁和适当的分散成为他的首要策略之一。为避免"财富集中"导致的高风险,他通过逐步减持和分配股权方式,将资金部分转移至其他资产类别。这一举措使得其财富不再与P电商平台的股价高度绑定,从而避免了因市场波动而带来的资产价值波动。

例如,林先生减持了部分P电商平台股权,用于投资其他科技类公司,包括新能源、AI等具有增长潜力的企业。通过这种方式,他既保留了科技行业的高成长性,又降低了对单一公司的过度依赖。数据显示,仅2023年,林先生在科技企业的股权投资部分占其总体资产的约25%,有效增强了财富结构的稳健性。

2. 不动产投资的稳健配置

不动产作为抗通胀、保值增值的稳定资产,一直是高净值人士的重要选择之一。林先生将其部分资产转移到不动产领域,通过购置海外高端房产、商业物业等,增加了资产配置的抗跌能力。这些物业不仅提供了稳定的租金收益,还具备长期增值潜力。

他在不动产方面的投资分布在美国、日本等多个国家,以分散地域性风险。2024年统计数据显示,林先生的个人不动产投资约占其资产的20%,在财富安全性与流动性之间实现了良好平衡。这一举措也确保了其财富在经济波动时具有较强的安全保障。

3. 基金与债券等低风险投资的布局

为进一步提升资产安全性,林先生还配置了一定比例的基金和债券资产。与高风险、高收益的股权投资相比,基金和债券作为低波动的资产类别,为其提供了稳定的现金流。

他通过配置国债、企业债和稳健型基金，将总资产的15%左右放在此类低风险投资中，这一策略也在市场动荡时确保了现金流的稳定性。同时，部分债券投资还起到了对冲股票市场下跌风险的作用。例如，2024年，尽管股市经历了显著波动期，但他的债券投资组合带来了年化4%以上的回报，成为稳定资产收益的重要支撑。

4. 新兴产业和社会公益投资

林先生在卸任后表现出对科技创新及社会公益的高度兴趣，因此，他将部分资产投资于科研、教育和公益事业。林先生注重具有社会影响力的长期投资，特别是在可持续发展、新兴科技等方面投入较大。

2024年数据显示，林先生通过公益信托将价值超过1亿美元的股权转为科研基金，支持AI、生物医疗等创新领域的研究。这种公益信托的结构既满足了个人的社会责任，也在税务规划方面具备一定优势，使得其财富结构更加多元且长期稳定。

三、执行效果及个人财富管理的成效

通过分散资产和多元化投资，林先生有效降低了个人财富的集中性风险。多元化的配置策略确保了其财富在多重领域中的抗跌性。例如，2023年全球股市波动，许多科技企业的股价出现波动，但由于其债券和不动产的保值作用，他的总体资产净值未受严重影响。不动产和债券等稳健资产的配置，不仅有效平衡了投资组合的风险，还在不确定的经济环境下提供了稳定的收益。

此外，林先生的多元化资产配置策略帮助其财富在新兴产业和公益投资中获得长远增长。这些投资不仅增值潜力巨大，还具备长期可持续性，对其个人资产保全起到了积极作用。

四、案例启示与借鉴意义

林先生的多元化资产配置策略对于高净值人士及普通投资者而言，具有以下几点可借鉴之处：

1. 分散化策略降低单一风险

通过合理分散资产，避免了对单一资产的依赖，增强了个人财富的抗风险能力。即使股市波动较大，通过股权、债券和不动产的组合，也可保持整体财富结构的稳健性。

2. 现金流和流动性管理

低风险基金、债券的配置确保了现金流的稳定，尤其是在经济不确定性增强时，有效应对流动性需求。

3. 长期视角和社会责任

新兴产业和公益信托的投资不仅是财富增长的方式，更展现了投资者对社会责任的关注。林先生通过设立公益基金，使其资产配置具备长期价值和社会影响力。

第三节 风险分散与投资组合优化

李先生是一位创业成功的企业家，经过多年奋斗，他积累了数千万元的个人财富。然而，在面对财富管理时，他选择了"一篮子鸡蛋"的极端策略——将几乎所有资金投入到一个新兴科技公司的股票中。当时，这家公司在资本市场上炙手可热，被认为是未来的"明星企业"。林先生相信这是一次"稳赚不赔"的机会，甚至动用了家庭储蓄和部分企业流动资金进行投资。

但市场充满了不确定性。这家公司因技术研发问题和市场扩张不力，股价在短短半年内下跌了80%。李先生的投资不仅大幅缩水，还对他的企业运转和家庭生活造成了严重影响，导致一度出现资金链断裂的风险。事后，他意识到资产配置的重要性，但已经为这一错误付出了巨大的代价。这一经历不仅为他敲响了警钟，也提醒我们在进行财富管理时，分散投资、平衡风险的重要性。

在财富管理中，风险分散和投资组合的优化是实现财富增长的关键环节，如图7-3所示。通过合理的资产配置和投资组合设计，不仅能在实现资本增值的过程中减少潜在风险，还能确保资产的长期稳健增长。风险分散的核心思想在于将资金投资于不同类型的资产类别和市场，以降低单一市场或单一资产的波动对整体资产的影响。而投资组合优化则侧重于根据个人的风险承受能力、财务目标及投资期限等因素，灵活配置资产，从而实现风险与回报的最佳平衡。

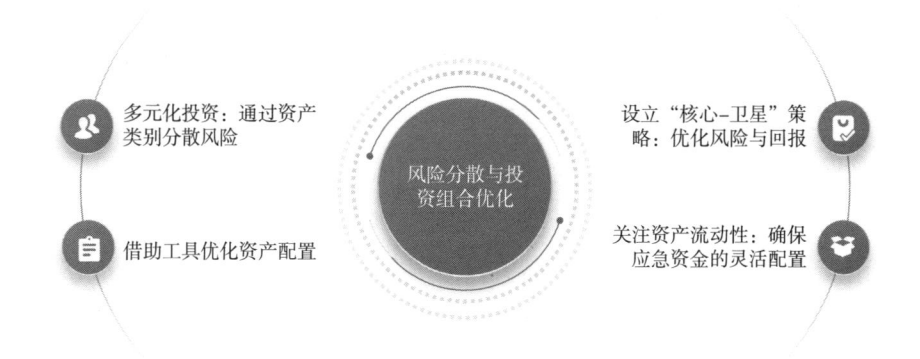

图7-3 风险分散与投资组合优化

1. 多元化投资：通过资产类别分散风险

多元化投资是资产配置中的基本策略之一，其核心目的是通过将资金分配到不同的资产类别中，降低单一资产的波动对整体资产的影响。多元化投资不仅能降低风险，还能提升资产组合的稳定性。

（1）资产类别的选择

不同的资产类别具有不同的风险和收益特征，因此，通过合理分配各类资产，可以在最大化收益的同时有效降低风险。常见的资产类别包括：

第一，房地产。房地产是一项具有长期保值增值潜力的投资资产，适合长期持有。尽管房地产市场存在一定的周期性波动，但其长期稳健的增值特性使其成为多元化投资组合中的重要组成部分。

第二，股票。股票投资具有较高的风险和回报潜力，适合长期投资者。通过选择不同的行业和公司股票，可以实现更高的收益。但需要注意，股票市场容易受宏观经济变化、政策调整等因素的影响，因此风险较大。

第三，固定收益类产品（债券、债券基金等）。债券类产品通常具有较低的波动性，适合低风险投资者。债券可以为投资组合提供稳定的现金流，并在股票市场波动时起到平衡作用。尤其是政府债券和优质企业债券，能够有效降低投资组合的整体风险。

第四，私募股权与另类投资。私募股权与另类投资如对冲基金、风险资本、艺术品投资等，通常风险较高，但回报也相应较大。通过配置少部分资金在这些领域，可以为投资组合带来较高的潜在收益。

通过将资产分散配置在股票、债券、房地产、私募股权等多个资产类别中，当某一类别的资产表现不佳时，其他资产的表现可以起到平衡作用，从而有效降低投资组合的总体风险。例如，股市下跌时，债券和房地产等稳健资产可能会维持稳定，甚至产生一定的正向收益。

（2）全球化布局

除了在不同资产类别之间进行分散，全球化布局也是多元化投资中的重要策略。通过将资产配置到不同的国家和地区，可以避免单一国家经济波动带来的风险。

全球化布局的好处还体现在不同地区市场的经济周期和发展阶段不同。在某些地区处于经济增长的阶段时，投资者可以通过参与这些市场的股票或债券获得更高的回报，而在其他地区出现经济放缓时，另一个区域的市场可能处于增长阶段,从而降低整体投资组合的风险。

2.设立"核心-卫星"策略:优化风险与回报

"核心-卫星"策略是一种常用的资产配置策略,通过将大部分资金配置在稳健的核心资产上,剩余资金用于配置高风险的卫星资产。通过这种策略,投资者可以在控制整体风险的同时,增加投资组合的回报潜力。

(1)核心资产与卫星资产的定义

核心资产通常指那些风险较低、回报稳定的资产,如政府债券、优质企业债券、蓝筹股等。这些资产能够提供稳定的现金流和相对较低的波动性,适合长期持有。核心资产占投资组合的大部分(通常为70%~80%),能够为投资者提供稳健的回报。

卫星资产则是投资组合中相对风险较高、回报潜力较大的资产,如高风险的股票、小盘股、私募股权、风险投资等。卫星资产的比重较小(通常为20%~30%),虽然风险较高,但在市场上行时可能带来显著的回报。

(2)策略实施

通过将大部分资金配置在核心资产上,投资者能够确保资产的稳定性和流动性,同时将少量资金投入到卫星资产中,以获得更高的回报潜力。核心资产可以提供长期的稳定增长,而卫星资产则能够在市场表现良好时带来显著的超额回报。

例如,一个高净值人士的投资组合中,可以将70%~80%的资金配置在债券、优质股票等核心资产上,剩余的资金配置在高成长性的小型企业股、私募股权等卫星资产上。在市场出现波动时,核心资产能够有效保护投资者的资本,而卫星资产则在牛市中提供更高的增长潜力。

3.借助工具优化资产配置

在财富管理和传承中,资产保全是一个至关重要的环节。资产保全的核心在于保护和传承财富,避免其在法律、税务或其他不可控因素的影响下受到损失。为了实现这一目标，存在多种工具可供选择，如公证、保险、保险金信托和信托等。

（1）公证

公证可以有效保护不动产、股权、股票、艺术品等非现金资产。对于这些容易产生继承纠纷或法律争议的资产，公证能够提供权威的法律保障，确保资产的所有权和传承权。

公证的主要特点是"资产全覆盖"。公证可以为包括房产、股权等在内的各类资产进行法律确认，并在继承、分割等过程中发挥法律凭证的作用。

假设王先生是一位艺术品收藏家，收藏了一批高价值的油画和雕塑。他希望在去世后，这些艺术品能够公平传承给子女。王先生可以通过公证，将艺术品的所有权和具体的分配方式以法律文件的形式固定下来。这样一来，子女在继承这些艺术品时便可以减少争议，公证文件也确保了资产的合法性与归属。

（2）保险

保险不仅仅是一种风险转移工具，它在家庭财产保护、三权分立（控制权、所有权、受益权的分离）和备用金方面发挥重要作用。保险可以用于家企隔离，避免因企业负债或法律纠纷而影响到家庭资产。

保险在财富管理中常被称为"现金之王"，因为它不仅能够提供稳定的现金流，还可以在意外或突发事件中迅速转换，为家庭提供应急资金。

（3）保险金信托

保险金信托是一种结合了保险和信托的金融工具，能够扩大受益范围（如到达直系家族以外的亲属），且在分配上更加灵活。保险金信托允许投保人将保险金用于特定目的，如子女教育、养老保障等，确保财富的长效性传承。

保险金信托的特点是"多代传承"，可以帮助财富跨代流转。它既具有保险的稳定性,又具有信托的灵活性,适合家庭财富传承的长远安排。

例如,刘女士拥有高额的财产,她希望在自己去世后,保险金不仅能保障子女的生活,还能保障孙辈的教育开支。她选择设立保险金信托,将自己的人寿保险理赔金指定给信托账户,信托公司会在刘女士去世后,分阶段将保险金支付给子女和孙辈,以保障家族的长久福祉。这种分阶段支付的方式能够有效避免继承人一次性获得大额资产而导致的不当使用。

(4)信托

信托可以解决复杂的传承需求(如适用于家庭结构复杂的家庭)和合理收入分配的问题。信托不仅能够帮助投资者合理规划税务,还能保护家族财产不受外部风险的影响。在传承中,信托可以设定特定条件,确保财富按照创始人的意愿分配。

信托的特点是"私人订制",它可以根据委托人的具体需求进行灵活设计,涵盖资产的保值增值、隔离保护和指定用途等多重功能。

例如,张先生拥有一家公司,他希望将企业传承给子女,但担心子女未来的婚姻状况可能对家族企业产生不利影响。为此,张先生设立了一个家族信托,将公司股权放入信托中,并指定信托收益由子女享有,但公司控制权仍由专业的管理团队负责。这样,即便子女的婚姻状况发生变化,家族企业的资产不会被分割到配偶名下,从而实现了家族财富的保护和传承。

4. 关注资产流动性:确保应急资金的灵活配置

流动性管理在资产配置中同样至关重要。流动性资产是指可以在短期内迅速转换的资产,如现金、货币基金、短期债券等。流动性资产在投资组合中扮演着重要角色,尤其是在需要应急资金时,它们能够迅速为投资者提供所需资金,确保家庭和企业在发生突发事件时能够保持正常运转。

（1）确保应急储备

建议高净值人士将30%左右的资产配置在高流动性的产品上，如货币基金、短期银行存款等。这部分资金能够确保在经济波动、医疗急需或其他紧急情况下，投资者能够快速获取资金，避免陷入资金链断裂的困境。

（2）灵活性与稳定性的平衡

流动性资产的配置要与投资组合的其他部分保持平衡。虽然流动性资产在风险管理上非常重要，但过多配置流动性资产可能导致回报不足。因此，投资者应根据自身的财务状况和风险承受能力，合理调整流动性资产与其他高风险资产之间的比例。

第四节　最新金融工具与资产管理技术的应用

张女士是一位互联网创业公司的财务总监，随着公司业务的飞速扩展，她开始探索更多金融工具来管理公司日益增长的现金流与投资需求。她了解到一种名为"智能投顾"的新兴金融工具，通过大数据和AI技术自动化管理资产，这种工具承诺低成本、高效率，并能根据市场变化自动优化投资组合。

初期，张女士对这种新工具抱有很高期待，因为它能实时监控市场波动，调整资产配置，帮助她公司规避风险，优化回报。然而，实际操作过程中，她发现这种系统在应对突发市场变化时仍然存在滞后性，尤其在全球股市剧烈波动时，智能投顾的算法未能及时有效地应对风险，导致公司在短时间内损失了大量的投资收益。张女士意识到，虽然新兴金融工具为资产管理带来了诸多便利，但依然存在局限和潜在风险。

这一案例引出了一个关键问题：随着金融技术的进步，企业和个人在利用新兴工具时，如何在追求效率与回报的同时，确保风险的有效管控？

金融科技的飞速发展为资产管理领域带来了翻天覆地的变化。新兴金融工具和技术，特别是基于大数据、AI和区块链等前沿科技的应用，正在改变资产管理的传统模式。下面我们将深入探讨几个最具影响力的最新金融工具及其在资产管理中的应用，如图7-4所示。

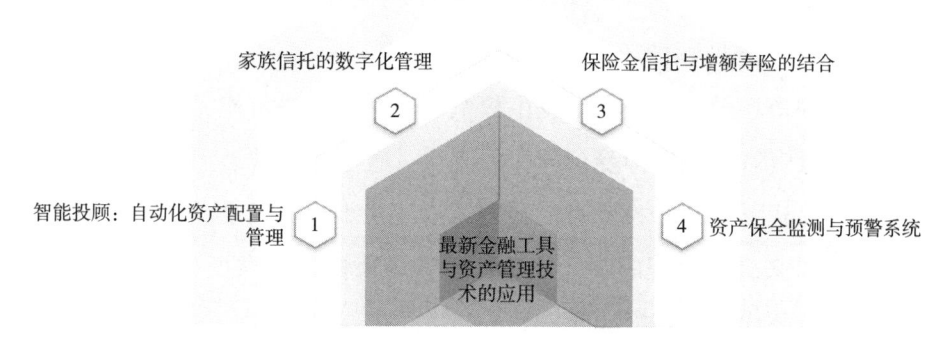

图7-4　最新金融工具与资产管理技术的应用

1.智能投顾：自动化资产配置与管理

智能投顾是近年来受到广泛关注的金融工具。它通过算法和AI技术，根据投资者的风险偏好、财务目标和市场情况，自动生成并管理投资组合。智能投顾的优势在于低成本和高效率，尤其对缺乏专业投资经验的个人和中小企业主而言，它提供了一种简单的资产管理解决方案。其操作步骤如下所示。

第一，风险偏好和目标设定。用户在注册智能投顾平台后，需要填写一份风险偏好问卷，以确定自己的投资风险承受能力。随后，系统会根据用户的财务目标（如增值、保值或传承）进行分析。

第二，资产组合推荐。智能投顾系统根据大数据分析和市场预测，推荐一套符合用户风险偏好的投资组合。例如，系统可能推荐用户将70%的资金投资于低风险债券，30%分配到股票基金，以便在风险和收益之间取得平衡。

第三，动态调整组合。智能投顾平台会根据实时的市场情况对投资组合进行调整。例如，当股市波动较大时，系统可能会自动降低股票的持仓比例，将资金转移到更为稳健的债券上，从而有效控制风险。

第四，定期报告和跟踪。系统定期生成投资报告，帮助用户了解资产的最新动态，并提供下一步投资建议。

然而，智能投顾的不足之处也十分明显。首先，它过于依赖历史数据和固有的市场模型，当市场发生极端波动时，算法可能无法迅速作出反应，导致投资者在短期内受到损失。其次，智能投顾缺乏人性化的风险评估和个性化建议，某些投资者的特定需求往往难以被满足。因此，智能投顾虽然是未来金融管理的一大趋势，但其局限性也要求投资者保持谨慎，并不能完全替代人类投资顾问。

2. 家族信托的数字化管理

家族信托是一种用于财富传承和风险隔离的结构性工具。通过信托的安排，高净值人士可以将资产转移到家族信托中，确保在未来的家族继承中具有一定的灵活性和保障性。然而，传统的家族信托存在管理效率低、透明度低的问题。数字化管理家族信托是通过区块链和大数据技术，将信托资产和受益人信息电子化，确保信息传递的快速准确，同时提供动态调整的灵活性。其操作步骤如下所示。

第一，建立数字化账户。信托公司为客户创建数字化的家族信托账户，所有资产信息、受益人身份、分配规则等均在线管理。

第二，设置分配条件。客户可在信托系统中设置受益人领取信托财产的条件，例如受益人达到特定年龄、完成学业或取得一定成就时，才能领取部分或全部资产。

第三，实时监控和动态调整。信托公司通过大数据和智能监测系统，跟踪受益人的需求和财产状况，根据家庭的变化实时调整信托资产的分配方式。

第四，在线审计和记录。通过区块链技术记录所有交易和调整，确保信托管理的透明度和安全性，降低资产被侵占或误用的风险。区块链技术以其去中心化、透明和不可篡改的特点，为其提供了极高的安全性保障。

例如，某家族信托通过数字化平台对信托资产进行管理，设定了子女在年满30岁后可领取信托资金的条件，并将受益人学业进展和资金需求实时上传系统，实现了精确分配和灵活管理。

3. 保险金信托与增额寿险的结合

对于高净值人群，保险金信托和增额寿险的组合在资产管理中得到了广泛应用。这种组合方案既可以保障资金的增值，又为资产传承提供了保障。增额寿险能够使保额随投保人年龄增长而增加，具有财富增值的功能；而保险金信托则确保资产在满足设定条件时按意愿传承。对于担心资金被快速挥霍或在家庭继承中产生纠纷的客户，这一组合方案非常适用。其操作步骤如下所示。

第一，选择增额寿险产品。客户可根据自身财务情况选择合适的增额寿险产品。该产品通常具有较高的保额增长率，并确保保险金额在特定时间内稳定增加。

第二，设立保险金信托。将增额寿险保单指定为信托财产，由信托公司代为管理和分配。客户可以在信托文件中设定领取条件，例如，受益人年满30岁或达成特定目标才能获得保险金。

第三，定期审查信托条款。信托公司将定期与客户沟通，根据家庭和财产状况的变化调整信托条款，确保财产分配符合客户的长期规划。

第四，风险监控。保险金信托、增额寿险及年金险的结合还可以作为对抗风险的工具，在客户出现风险时，信托公司可以保障受益人合法权益不受影响。

4. 资产保全监测与预警系统

资产保全监测与预警系统是基于大数据和 AI 技术的风险监控平台，能够对家庭或企业的财产状态进行实时监测。该系统通过监控市场波动、政策变化、家庭成员状况等因素，提前发出预警，提醒资产管理者作出相应调整，从而有效防范潜在风险。尤其对于高净值人群，资产保全监测系统能帮助防范离婚、债务纠纷等风险对资产造成的威胁。操作步骤如下所示。

第一，资产信息录入。系统初期会收集和录入用户的资产信息，包括不动产、金融投资、家族企业股权等，生成详细的资产报告。

第二，设置预警条件。用户可在系统中设置特定的预警条件，例如股市下跌超过 10%、家族成员离婚或诉讼等情况触发警报，系统会及时发送通知。

第三，监测和分析。系统利用大数据分析和 AI 技术，实时监测市场环境、政策变化等外部因素，并根据设定条件进行智能分析，预测可能的风险影响。

第八章　数字化浪潮下的企业合规转型

随着数字化技术的飞速发展，企业合规管理正经历着深刻的变革。数字化转型不仅提升了企业的运营效率，也为合规管理注入了新的可能性和动力。本章将从多个角度探讨数字化浪潮对企业合规的影响及其所带来的机遇与挑战。首先，分析数字化转型如何重塑企业的合规流程，例如大数据和 AI 技术的应用能够让风险识别和合规监控更加精准与高效。其次，聚焦数字化合规平台的建设与管理，展示企业如何通过技术平台实现自动化合规，减少人为错误和提升合规执行力。此外，本章将重点讨论网络安全与数据保护这一新兴课题，在全球信息化和数据监管趋严的背景下，为企业提供解决方案。通过详细阐释数字化技术与合规管理的深度融合，本章旨在为企业在新时代的合规转型中提供可行的路径与指导。

第一节　数字化转型对企业合规的影响

H 公司是南方一家老牌制造企业，专注于家用电器生产。面对激烈的市场竞争，H 公司决定进行数字化转型，希望通过引入自动化生产线、ERP 系统及在线营销平台来提升效率、拓展业务。然而，数字化进程却让公司陷入了一场意想不到的合规危机。

在上线新 ERP 系统时，H 公司并未仔细审核系统对企业财务和税务数据的处理逻辑，导致部分销售数据在入账时被错误分类。与此同时，员工缺乏数字工具的使用培训，导致数据录入出现多次失误。这些看似技术性的问题逐渐演变为合规风险。一次例行税务审计发现，公司提交的税务申报与系统中的财务数据不符，监管机构怀疑其存在漏税嫌疑。

公司随后被罚款并要求整改，不得不暂停部分业务。H公司的高管认识到，数字化转型不仅仅是技术问题，还涉及税务、财务、数据隐私等多个合规领域的挑战。这一事件促使他们重新审视转型过程中的合规管理，建立更加完善的监控和流程审核机制。

随着数字化转型成为企业发展的核心战略，各行各业都在引入新技术提升效率和竞争力。然而，数字化转型不仅给企业带来了技术机遇，还带来了新的合规风险。以下是数字化转型对企业合规的主要影响，如图8-1所示。

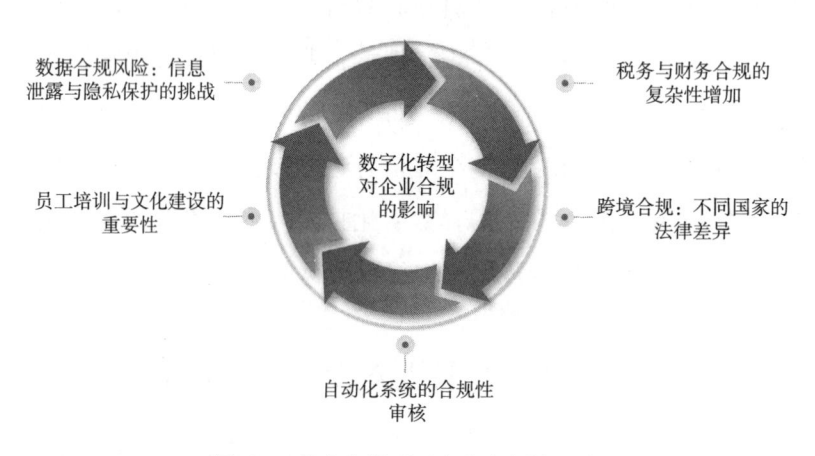

图8-1 数字化转型对企业合规的影响

1. 数据合规风险：信息泄露与隐私保护的挑战

在数字化过程中，企业会积累大量用户、客户和员工的数据，这些信息一旦泄露，企业将面临严重的法律后果。例如，《通用数据保护条例》（GDPR）和《个人信息保护法》都对数据收集、存储和使用提出了严格要求。

企业在部署云存储、CRM（客户关系管理）系统等数字工具时，必须确保数据的安全性，并建立严格的访问权限管理。此外，员工需要经过系统培训,理解如何合规处理个人信息,以免因操作失误导致违规。

因此,应该建立数据加密和备份机制,制定应急预案,并定期进行合规审计,确保数据合规和安全。

2. 税务与财务合规的复杂性增加

数字化系统的广泛应用让企业的财务和税务管理更加透明,但也带来了数据处理的复杂性。例如,ERP系统会将采购、销售和税务数据自动录入系统,但如果系统设置不当,可能导致错误申报。企业需要确保财务系统的合规性,避免因技术问题而引发财务或税务纠纷。

有效的解决方法有在上线数字化系统前进行严格测试,并定期与税务和财务顾问核对数据的准确性。此外,设置自动校验程序,防止数据出错。

3. 跨境合规:不同国家的法律差异

数字化转型往往意味着企业业务范围的扩大,尤其是跨境电商和云计算等领域。然而,不同国家的法律法规对数据、税务、反垄断等方面的规定存在显著差异。例如,中国企业进入欧洲市场时,必须符合《通用数据保护条例》(GDPR)的要求,而在东南亚地区销售时又需要应对当地复杂的税务政策。

企业需要组建全球化的合规团队或借助专业顾问,确保在不同国家市场中的业务合规,避免因不了解法规而遭受制裁。

4. 自动化系统的合规性审核

自动化生产线、AI算法和物联网设备的引入让企业运行更加高效,但也可能隐藏合规风险。例如,一些AI系统可能因算法偏见而违反公平竞争的原则,而物联网设备的漏洞则可能成为网络攻击的入口,威胁数据安全和业务连续性。

建议企业在使用新技术时应进行合规性评估，并制定相应的风险控制措施。此外，应定期监测系统的运行状态，及时发现并修复漏洞。

5.员工培训与文化建设的重要性

数字化转型不仅是技术升级，更是一种文化变革。员工在使用新系统时，如果不了解合规要求，就可能无意间触发风险。例如，在社交媒体营销中，如果员工不了解广告合规性，可能因夸大宣传或未经授权使用他人图片而面临法律诉讼。

企业需要通过持续培训让员工熟悉新技术与合规要求，将合规理念融入日常工作中。建立激励和问责机制，确保合规文化在企业内部得到贯彻。

案例链接

P电商平台的技术升级与合规管理

近年来，P电商平台在快速扩展的过程中深感到合规管理的复杂性，特别是在涉及多个地区的不同法律法规时，依靠传统的合规管理手段不仅效率低下，还易出现合规漏洞，甚至可能带来巨额罚款。为此，P电商平台于2024年启动了大规模的数字化转型项目，运用大数据与AI技术全面升级合规管理体系，成功实现了合规流程的自动化，极大地降低了因法律法规变动、跨区域差异等因素带来的合规风险，为行业树立了领先的数字化合规典范。

一、案例背景：多地区业务扩展与合规挑战

作为中国领先的电商平台之一，P电商平台的业务覆盖范围已拓展至全国各地，且部分业务已延伸至海外市场。电商行业的复杂性加上区域性法规差异，使P电商平台面临巨大的合规压力。

以数据保护、广告规范、销售合规为代表的法律法规不仅在不同地区各不相同，而且更新频率极高。统计显示，P电商平台在2020年共经历了超过300项国家和地方政策的变更。对于一家日均处理数百万订单的电商平台来说，依靠传统人工审核的合规管理流程已无法满足业务的高速增长需求，同时也使得人工成本和合规风险居高不下。

在此背景下，P电商平台将数字化转型聚焦于合规管理，通过技术升级构建了一套自动化合规流程，以提升效率并降低合规风险。

二、技术升级与合规管理自动化

P电商平台的数字化合规管理系统主要由大数据分析、AI算法和实时监测系统三大模块组成：

1.大数据分析系统的构建与实施

大数据系统是P电商平台合规管理自动化的核心之一。平台在全国拥有海量用户和庞大的交易数据，这为合规管理提供了坚实的数据基础。通过对用户行为、交易数据及平台内容的实时分析，P电商平台可以及时识别出潜在的违规行为。例如，利用自然语言处理（NLP）技术，系统能精准分析商品标题、识别图片是否存在误导性描述或虚假宣传，从而确保广告合规。

统计数据显示，自大数据系统上线后，平台的违规广告率降低了约60%，并实现了对广告合规情况的实时跟踪，有效降低了平台因虚假广告引发的法律风险。

2.AI算法与风险评估模型的应用

P电商平台通过AI算法建立了合规风险评估模型，以应对不同法律法规的复杂性。该模型利用机器学习算法，结合数万条历史数据样本进行训练,从而预测可能引发合规风险的行为。例如,在用户个人信息保护方面,平台通过 AI 算法自动识别和标记高风险数据操作行为,如异常的数据下载或访问请求。对于这些潜在高风险行为,系统会自动向合规团队发出预警,并采取措施进行审查和限制。

该合规风险评估模型上线半年后,平台对违规操作的识别率提升了 30% 以上,每月减少了超过二十起因信息泄露带来的合规事件,显著提高了平台的合规管理效率。

3. 实时监测与智能预警系统

为了实现对合规风险的全面掌控,P 电商平台还构建了实时监测与智能预警系统,对涉及合规的业务环节进行 24 小时全方位监控。以数据隐私为例,平台实时监控数据传输、存储与访问情况,检测到异常行为时系统会自动向负责部门发送警告。同时,系统还设有自动化的法律法规更新模块,确保平台的合规规则随法律法规的变动及时更新。

2024 年,平台通过预警系统共检测到超 200 起潜在合规风险事件,实时预警与处理使得平台的违规率同比下降了近 40%,确保了平台运营的合规性。

三、数字化转型的实施效果

通过合规管理的数字化转型,P 电商平台实现了以下成效:

1. 合规成本降低与人工效率提升

数据显示,P 电商平台的人工合规审核率下降了约 70%,合规团队的工作效率提升了 3 倍以上。此前,人工审核需要耗费大量时间和人力,而自动化系统通过实时监测和预警,有效缩短了合规问题的反应时间,避免了重复性劳动。此外,平台的合规管理成本在技术应用的帮助下也大幅减少,仅合规审核人力成本就节省了约 2 000 万元。

2. 合规风险控制显著增强

数字化管理系统对合规风险的控制效果明显,2024 年全年因违规引发的投诉事件同比下降了 35%,而因合规问题导致的经济损失减少了约 1 500 万元。通过对广告合规、数据保护、内容合规的有效管理,平台不仅避免了多起潜在的行政处罚,还提升了公众形象和品牌声誉。

3. 提高客户信任与用户体验

通过严格的合规管理,P 电商平台成功增强了客户信任。合规系统的稳定运行不仅提高了交易安全性,还使得用户在个人信息保护、产品信息的透明度等方面拥有了更高的体验。调查显示,客户满意度因合规管理的提升增长了近 20%,为平台赢得了更多忠实客户。

四、案例启示:数字化合规管理的关键要素

P 电商平台的数字化合规管理不仅解决了业务扩展中的合规问题,还为整个电商行业提供了可参考的实践模式:

1. 数据驱动的合规管理

大数据分析为合规管理提供了丰富的支撑,P 电商平台通过数据对用户行为的分析和潜在风险的实时捕捉,有效防止了违规操作,展现了数据驱动合规的重要性。

2. 技术升级与动态调整的必要性

随着法律法规的不断更新,合规管理的自动化系统必须具备动态调整的能力。P 电商平台的法律法规更新模块自动适应外部环境的变化,是保持合规体系长效性的重要保障。

> 3. 智能化与自动化的高效性
>
> 在合规管理中引入智能化、自动化流程,是提升效率和降低成本的有效手段。实时预警系统与 AI 风险模型的协同应用,大幅提高了合规管理的效率,使平台具备了应对复杂合规场景的能力。

第二节　大数据、AI 在合规管理中的应用

L 科技公司是一家创新驱动型企业,主营智能家居设备。随着业务的扩展,他们决定利用大数据和 AI 优化运营,并加强合规管理。公司部署了一套自动合规监控系统,用于实时审查交易记录、客户信息及供应链风险。该系统能够自动检测到异常财务数据,并迅速标记出潜在的合规问题,如虚假报销或重复付款。然而,AI 系统在实际运行中也暴露了不少问题。

一次采购交易中,AI 系统将某供应商的合同标记为"高风险",原因是该供应商与国际制裁名单上的某家公司存在历史关联。虽然采购团队确认该供应商已通过官方渠道解除制裁,但系统仍持续发出警报,导致项目审批流程被迫中断。这一事件让公司管理层意识到,大数据与 AI 在提升合规效率的同时,也可能因算法缺陷或数据误判增加新的合规风险。L 科技公司不得不重新评估 AI 系统,并建立了人机结合的审核流程。

随着数据技术的发展,企业面临的合规要求日益复杂,传统的合规管理手段已无法应对高频率的审查与庞杂的数据量。大数据和 AI 技术的引入,极大地提升了企业在合规管理方面的效率和精准性。但与此同时,这些技术也带来了新的挑战与风险,如图 8-2 所示。

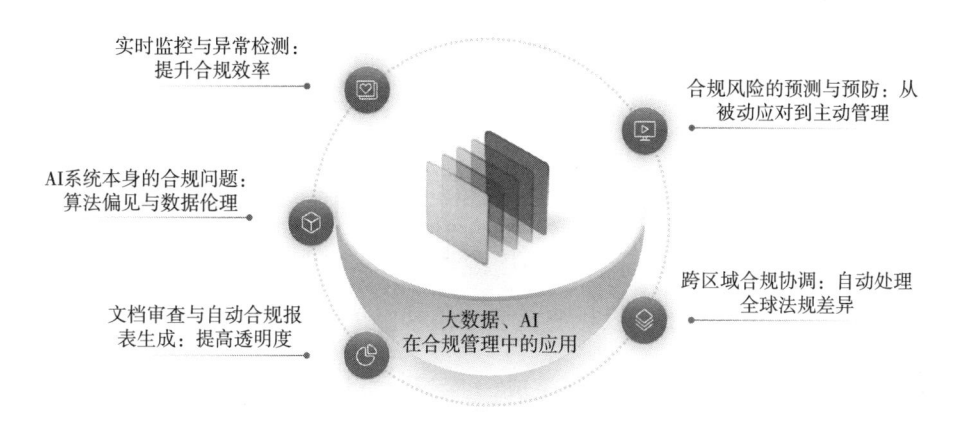

第八章　数字化浪潮下的企业合规转型

图 8-2　大数据、AI 在合规管理中的应用

1. 实时监控与异常检测：提升合规效率

大数据和 AI 系统可以实时监测企业的运营数据，自动检测异常交易和潜在的违规行为。例如，财务系统中若出现重复报销、跨区域交易异常或大额资金流动，AI 可以立即标记并发出警报。这种自动化监控不仅节省了人工审计成本，还能减少违规行为的发生概率。

企业应确保数据的全面性和准确性，同时针对 AI 系统标记出的异常情况建立人工审核机制，避免系统误报导致的业务中断。

2. 合规风险的预测与预防：从被动应对到主动管理

AI 可以通过分析历史数据，预测未来可能出现的合规风险。例如，基于市场动态、政策变化和企业历史数据，AI 模型可以预测某一领域的法规更新对企业的潜在影响。企业据此调整业务策略，提前做好应对准备。

企业应构建风险预警系统，将预测分析与业务流程紧密结合，并通过持续优化模型提升预测的准确性。

3. 跨区域合规协调：自动处理全球法规差异

对于跨国企业而言，合规管理面临不同国家和地区的法规差异。AI

系统能够自动分析各地法律法规，并根据业务类型和区域特点生成合规操作建议。例如，针对欧盟市场，系统可根据《通用数据保护条例》要求自动管理客户数据隐私；针对美国市场，则生成符合当地税法的财务处理流程。

企业需定期更新AI系统中的法规数据库，确保其与全球政策变动保持同步。同时建立人工复核机制，减少技术解读偏差带来的合规风险。

4.文档审查与自动合规报表生成：提高透明度

AI在文档审查和报告生成方面的应用也颇为广泛。企业可以借助自然语言处理技术（NLP）对大量合同、政策文件进行审查，找出其中的风险条款。此外，AI还能自动生成合规报表，减少人为错误，提高合规工作的透明度和效率。

企业应确保AI生成的文档和报告符合监管机构的要求，并让合规人员定期审查系统输出，保证信息的准确性与合规性。

5.AI系统本身的合规问题：算法偏见与数据伦理

AI技术虽然提升了合规管理的效率，但也带来了新的风险，如算法偏见、数据泄露等问题。例如，某些AI算法可能因训练数据的偏差而对供应商、员工或客户群体产生不公平的结果。此外，企业需要确保数据采集和使用符合数据隐私保护法规，防止侵犯个人隐私。

企业应对AI模型进行公平性和透明度测试，确保算法输出结果不会产生偏见。同时建立数据治理框架，确保数据处理过程符合隐私保护法规。

第三节 数字化合规平台的建设与管理

F电商公司是一家迅速崛起的网红企业，主营潮流服饰和电子产品。在业务快速扩展的过程中，公司面临繁杂的合规监管问题——税务合规、数据隐私、供应链审查和反洗钱法规。为了更高效应对合规压力，F电商决定引入一套数字化合规平台，通过数据分析与自动化流程来监控业务全流程。

起初，这套系统运行良好：交易数据、客户投诉和税务报表实现了实时监控，合规风险一旦触发预警，系统会自动生成报告。然而，随着订单量和业务品类的激增，系统在高负载下开始出现故障：部分审查流程卡顿、数据无法实时更新，导致某些违规行为未能及时发现。一次重大供应链审计中，系统的错误筛选遗漏了关键供应商的违规记录，造成了企业与合作伙伴之间的信任危机。

F电商意识到，单纯依赖数字化工具不足以保障合规管理的稳健性。为此，公司加强了平台的管理维护，并引入了人工审核流程来弥补系统的不足。这一经历也让F电商认识到，数字化合规平台不仅是技术工具，还需要完善的管理机制与人机协作模式。

随着企业业务日益数字化，各类法规和监管要求也变得更加复杂。数字化合规平台的建设，为企业提供了更加智能、高效的解决方案。然而，构建和管理一个高效的数字化合规平台，需要多维度的系统设计和管理策略，如图8-3所示。

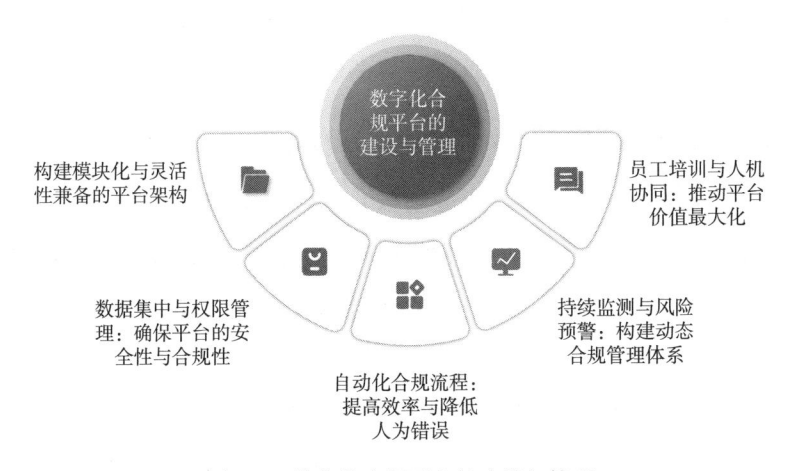

图8-3 数字化合规平台的建设与管理

1. 构建模块化与灵活性兼备的平台架构

一个优秀的数字化合规平台必须具备模块化设计，能够灵活应对不同业务领域的需求。例如，企业可以将合规平台分为税务合规模块、数据合规模块、供应链管理模块等，各模块之间既可独立运行，又能协同工作。模块化设计的优势在于，当某一模块需要更新或优化时，不会影响整个系统的稳定性。

此外，灵活性是应对监管变化的重要能力。由于各国法规和行业标准经常变动，平台应具备快速调整与扩展的能力。例如，企业可以通过应用程序编程接口集成新的法规数据库，确保合规标准始终与时俱进。

2. 数据集中与权限管理：确保平台的安全性与合规性

数据是数字化合规平台的核心，但如何确保数据的集中管理与权限控制，是建设过程中的关键挑战。企业需要搭建一个统一的数据平台，将来自财务、采购、销售和人力资源的合规数据进行集中处理。同时，要通过严格的权限管理，确保只有经过授权的人员和部门能够访问敏感数据。

为了进一步提升平台的安全性，企业可以采用加密技术和区块链存储来防止数据篡改。此外，企业还需要定期进行平台的安全评估，及时发现并修复漏洞，以防止合规数据泄露导致的法律风险。

3. 自动化合规流程：提高效率与降低人为错误

数字化合规平台的一大优势是流程自动化。例如，企业可以通过RPA（机器人流程自动化）技术，实现合同审查、税务申报和报销审核等高频业务的自动处理。自动化流程不仅能显著提高效率，还能减少人为错误，降低违规风险。

然而，自动化并非万能，企业应为关键环节保留人工审核步骤。例如，在反洗钱审查或数据隐私合规方面，AI和自动化系统的误判率较高。

此时，企业需要通过人工干预对系统标记的高风险交易进行核查，以确保最终判断的准确性。

4. 持续监测与风险预警：构建动态合规管理体系

数字化合规平台应具备实时监测和风险预警功能。通过大数据分析，平台可以持续监控企业的运营数据，一旦发现异常情况，如财务报表异常、供应商背景问题或数据泄露风险，系统会立即发出预警，提醒管理层进行处理。

风险预警功能不仅能帮助企业及时发现问题，还能促使企业形成动态合规管理模式。与传统的"事后合规"不同，动态管理可以让企业在风险发生前采取预防措施，从而降低潜在的法律风险和经济损失。

5. 员工培训与人机协同：推动平台价值最大化

数字化合规平台的价值，只有在员工熟练掌握并充分应用的情况下才能得到最大化。企业应定期开展员工培训，让各部门了解平台的操作流程和合规标准。同时，应推动人机协同模式，让技术与人工在合规管理中形成互补。

例如，在 AI 系统标记的高风险交易中，员工可以结合行业经验和业务知识进行进一步核查，减少系统的误报或漏报问题。这种人机结合的工作模式，不仅提升了合规管理的效率，还增强了员工的参与感与责任感。

> **◎ 案例链接**
>
> **D 电商平台的数字化合规实践**
>
> 近年来，D 电商平台作为国内电商领域的巨头之一，在快速扩展业务的过程中，深刻体会到合规管理的重要性。面对不同地域的多样化法规、财务规范、数据隐私保护等合规要求，传统人

工合规审查方式已难以应对。为此，D电商平台启动了全面的数字化合规升级，通过大数据与AI技术构建实时监控系统，对运营合规与财务合规进行系统性监控，显著提高了合规管理的效率与准确性，为国内数字化合规管理提供了优秀实践样本。

一、案例背景：多层次合规压力与管理挑战

作为线上零售和物流服务的行业龙头，D电商平台业务涉及多类商品交易、金融服务及跨区域配送。尤其在财务合规和运营合规方面，平台需要严格遵循国家政策、财务制度、数据保护法规及地方细则。例如，平台每年需要处理逾千万条订单交易，涉及的供应链、仓储、物流等多个环节均需要满足不同的合规标准。同时，2020年起中国出台一系列数据安全和隐私保护法规，如《个人信息保护法》及《中华人民共和国数据安全法》（以下简称《数据安全法》），对电商平台提出了更高的合规要求。

针对这些合规挑战，D电商平台自2021年开始将大数据和AI技术全面融入合规管理流程，开发出一套自动化、智能化的合规监控与分析系统。

二、技术应用：大数据与AI在合规管理中的创新实践

D电商平台的数字化合规管理系统由数据集成、智能分析和实时预警三大模块组成，通过高效的协同，系统能够覆盖从数据采集、实时分析到违规事件预警的全流程。

1. 大数据系统的实时数据监控

D电商平台将数据采集和集成作为合规管理的第一步，依托大数据系统实时采集并分析平台上的各类信息。该平台利用分布式数据存储技术，将订单交易、财务账目、仓储流转和客户数据等整合入中央数据库，以此支持平台的多层次数据监控。对于跨

区域配送、关税、增值税等环节，系统实时比对政策法规库并自动匹配执行标准。

例如，在财务合规管理中，平台的自动对账系统每月可处理约百万条财务数据，包括收入确认、费用核算和税务计算等，监控异常账务情况。数据显示，自大数据系统上线后，平台财务数据处理效率提升了近70%，并将财务违规风险降低了约40%。

2.AI算法助力风险识别与合规判断

D电商平台通过AI技术实现了合规风险的预测和判断。平台使用机器学习算法结合历史数据训练风险识别模型，能够自动识别潜在的违规行为并发出警告。例如，在商品销售合规方面，算法能分析商品信息与用户行为数据，自动检测不合规的虚假宣传、禁售品上架等问题。2024年，平台检测到超过10万起虚假宣传案例，AI算法自动识别的准确率达94%，有效降低了广告违规的风险。

此外，AI技术还被广泛应用于数据隐私保护。平台通过自然语言处理技术自动筛查用户信息中的敏感数据，对用户个人信息的存储、传输和访问全程监控。一旦发现数据泄露的风险迹象，系统立即发出警告，并自动触发加密或限制访问等保护措施。通过这一机制，平台的用户信息泄露事件同比减少了50%以上。

3.实时预警与智能化合规审查

D电商平台的合规管理系统配有高效的预警和审查机制。平台对系统的合规监控数据进行实时分析，自动将高风险事件归类为优先级较高的警报。例如，平台对订单数据的合规性进行逐步审查，包括订单价格、税费处理、消费者退款等敏感项，并在发现异常时向相关部门发送警告提示。在智能审查系统支持下，平台能够每日处理数千项合规审查请求,且误报率低于5%。

2024年,平台系统共检测并处理超5 000起违规事件,通过预警机制第一时间进行处理,有效避免了客户投诉和行政处罚的风险。系统上线至今,平台的合规管理准确性提升至95%以上,保证了平台在多地运营的合规性。

三、数字化合规管理的实施成效

D电商平台在财务和运营合规方面的数字化实践,不仅极大提升了合规管理的精确度和效率,还带来了以下显著成效:

1. 合规成本降低与运营效率提升

通过大数据与AI技术应用,D电商平台的合规管理成本显著降低。数据显示,平台的人工合规审核需求减少了60%,每年节省合规管理成本近3 000万元。同时,系统的智能化审查机制显著提升了合规效率,使平台能够快速响应监管机构的合规要求并调整业务流程。

2. 风险控制与品牌信任度提升

数字化合规系统的稳定运行有效防范了多起潜在的违规事件,使平台运营更加透明、规范。平台年度合规风险事件同比减少约30%,违规带来的经济损失减少了上千万元。此外,通过智能化的客户数据保护机制,D电商平台的用户信任度显著提升,用户投诉率减少了20%以上,消费者满意度稳步提升。

3. 政策变动响应能力提升

D电商平台的实时政策更新模块使得系统能够自动根据政策法规的变化调整合规标准,确保平台始终处于最新的合规状态。例如,平台在《数据安全法》生效后仅三天内便完成了合规规则的调整,确保了用户数据的安全合规。合规系统与政策更新的灵活联动机制使平台能够快速响应新的法律法规,大大增强了应对合规变动的适应性。

四、案例启示:数字化合规管理的关键策略

D 电商平台的大数据与 AI 合规管理系统为行业提供了宝贵的实践经验,尤其在以下几方面具有重要借鉴意义:

1. 数据驱动的实时监控

大数据技术使平台能够对海量业务数据进行全面监控,有效避免传统人工审查带来的漏检问题。D 电商平台通过实时监控和智能分析,将各业务链条中的合规风险降到最低,为数据驱动型的合规管理提供了新思路。

2. 风险预警系统的自动化与高效性

智能化预警机制使得 D 电商平台能够实时发现并处理潜在的合规风险,极大提升了合规管理效率。通过对异常行为的精准识别与分类优先处理,平台实现了合规管理的自动化与精细化,降低了操作失误率和人工成本。

3. 技术与合规规则的灵活联动

D 电商平台的数字化合规管理系统为行业展示了如何实现技术与合规规则的快速联动。平台能够根据政策变动动态调整系统规则,保持业务合规性。这一灵活调整机制使得平台能够迅速适应外部环境的变化,确保企业在复杂的法规体系下平稳运营。

第四节 应对网络安全与数据保护的新挑战

2023 年,一家知名的国内电商平台在"双 11"促销前夕遭遇了严重的数据泄露事件。黑客通过未加密的应用程序编程接口窃取了大量用户个人信息，包括用户名、密码、消费记录、地址和支付信息。事件曝光后，引发了消费者的广泛不满和恐慌。公司不得不紧急停用该接口，并展开全面的内部审查。然而，这场危机不仅让企业在市场上失去了大量用户的信任，还引来了监管机构的调查，并被处以巨额罚款。

事件发生后，企业迅速推出了一系列补救措施：为用户提供信用监控服务、更换系统安全架构，并组织全员网络安全培训。然而，这场危机的教训不仅在于企业系统的技术漏洞，还反映了其在网络安全管理和数据保护意识上的缺失。这一事件提醒所有企业，在数字化时代，网络安全和数据保护已不再是技术团队的专属责任，而是关乎企业生存与发展的战略问题。

随着数字化和智能化的发展，企业面临的网络安全和数据保护挑战愈发复杂。除了黑客攻击和数据泄露，企业还需要应对越来越严格的法律法规及公众对数据隐私的高期待。在这种背景下，企业需要从多个方面加强自身的网络安全和数据保护能力，以确保业务的可持续发展，如图8-4所示。

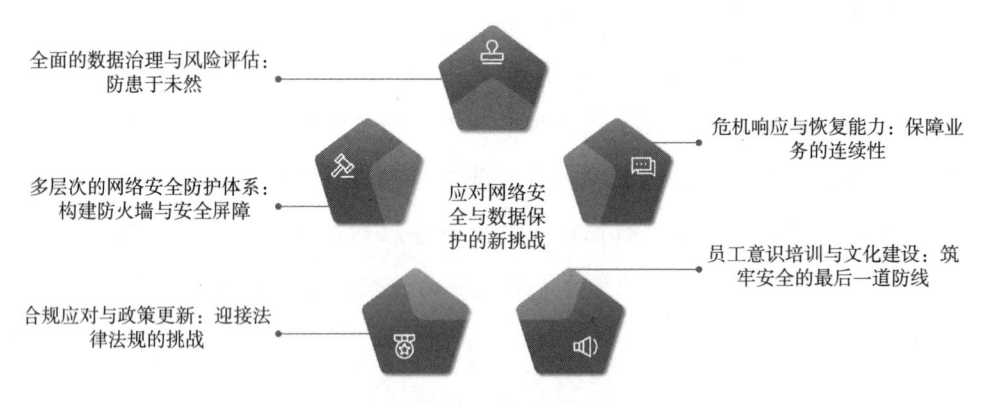

图 8-4　应对网络安全与数据保护的新挑战

1. 全面的数据治理与风险评估：防患于未然

要应对数据保护的挑战，企业首先需要建立完善的数据治理体系。数据治理不仅包括数据的分类、存储和流通，还涉及敏感数据的标识和风险评估。企业必须清楚了解自己掌握的数据类型，并对数据生命周期进行严格管理：从数据的采集、存储、使用，到最后的销毁，确保每个环节都有明确的安全规范。

此外，定期开展数据风险评估也十分必要。企业应当评估自身的数据处理流程是否存在薄弱环节，以及第三方供应商的数据保护措施是否符合标准。通过风险评估，企业可以提前发现潜在问题，并制定针对性的预防策略。

2.多层次的网络安全防护体系：构建防火墙与安全屏障

企业需要建立一个多层次的网络安全体系，以防止外部攻击和内部数据泄露。首先，基础的防护措施如防火墙、入侵检测系统和加密技术是必不可少的。同时，企业还需要部署基于AI的异常检测系统，能够实时监控网络流量和用户行为，快速发现并阻止可疑活动。

在安全体系中，企业应特别关注员工的访问权限管理。通过"最小权限原则"，限制员工对系统和数据的访问范围，以减少内部数据泄露的风险。此外，为防止黑客通过弱密码入侵系统，企业可引入双因素认证和生物识别等技术。

3.合规应对与政策更新：迎接法律法规的挑战

面对日益严格的网络安全和数据保护法规，企业必须确保其运营符合相关的法律要求。例如，《个人信息保护法》和《数据安全法》对数据收集、存储、使用的行为提出了明确的规范和处罚机制。此外，对于在全球运营的跨国企业，还需要遵守欧盟的《通用数据保护条例》（GDPR）等法规。

企业不仅需要建立合规的政策和流程，还应密切关注法规的动态变化，确保其网络安全和数据保护措施与时俱进。在制定合规政策的过程中，企业需要与法务部门和外部专家紧密合作，并通过内部培训帮助员工理解并执行这些政策。

4.危机响应与恢复能力：保障业务的连续性

再强大的网络安全系统也无法完全避免攻击风险，因此企业必须具备快速响应和恢复能力。一旦发生数据泄露或系统遭遇攻击，企业应立即启动危机响应计划，尽快控制事态，减少损失。

有效的危机响应包括：第一时间通知受影响的用户和合作伙伴关闭受攻击的系统模块，启动应急备份数据恢复，并与监管机构保持沟通。企业应定期进行网络安全演练，以确保员工熟悉应急流程，并发现危机预案中的不足。

5.员工意识培训与文化建设：筑牢安全的最后一道防线

网络安全与数据保护不仅是技术问题，更是企业文化的一部分。很多安全事件的发生，往往源于员工的疏忽大意或缺乏安全意识。因此，企业需要通过定期的培训和宣传，帮助员工掌握基本的网络安全技能和合规知识。例如，如何设置强密码及如何在处理客户数据时遵守法规要求等。

此外，企业还应将网络安全文化融入日常管理之中。领导层需要以身作则，将安全与合规作为企业运营的核心价值观之一。通过奖励和激励机制，鼓励员工在日常工作中积极参与安全管理，提高他们对网络安全的责任感。

第九章 企业合规的新机遇与挑战

全球经济一体化与科技的快速发展正不断推动企业合规管理的深度变革。合规已经不再只是被动应对监管的要求,而是成为企业可持续发展战略的重要组成部分。本章聚焦于企业合规在新形势下所面临的机遇与挑战。首先,从全球经济一体化视角,分析国际化经营环境对企业提出的合规新要求,例如跨境税务、反洗钱和数据隐私保护等领域的变化。其次,探讨技术创新如何推动合规管理的升级,包括区块链技术在数据追溯中的应用、AI 辅助的合规风险监控等。此外,本章还将结合可持续发展目标,分析企业在履行社会责任的过程中如何通过合规管理实现价值创造。最后,我们将探讨企业家精神如何与合规文化深度融合,为企业在应对合规挑战的同时抓住新机遇提供全新视角。本章的内容将帮助企业在动态变化的环境中制定更具前瞻性和适应性的合规策略。

第一节 全球经济一体化的新趋势与合规要求

近年来,随着全球经济一体化加速,跨境电商成了新兴经济的亮点之一。例如,SHEIN 是一家专注于跨境市场的中国企业,凭借低成本供应链和灵活的市场策略,迅速崛起为国际知名品牌。然而,在快速扩张的同时,SHEIN 也面临合规挑战。

它在欧洲等地因产品质量和税务合规问题频繁遭遇监管调查。这些问题表明,企业要想在全球市场中立足,必须适应不同国家的合规要求,并制定高效的合规管理策略。这不仅是 SHEIN 的教训,更是全球化时代所有企业的必修课。

全球经济一体化为企业带来机遇的同时，也伴随着复杂的合规挑战。企业需要在市场扩张过程中满足各国监管的要求，并在不同法律框架下平衡合规与运营效率。以下是几项全球化趋势带来的合规新要求，如图9-1所示。

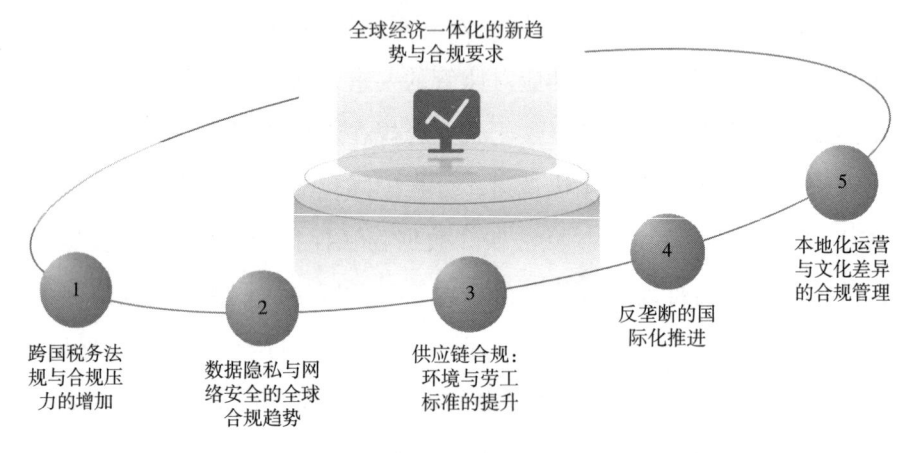

图 9-1 全球经济一体化的新趋势与合规要求

1. 跨国税务法规与合规压力的增加

在全球经济一体化的背景下，各国政府不断加强对跨境企业的税务监管，以防止税基侵蚀和利润转移。

因此，企业需要面对以下挑战。

第一，多国税务法规的适应。不同国家的企业所得税和增值税税率各不相同，企业必须熟悉并遵守相关规定，避免因税务错误而遭受重罚。

第二，转让定价与信息披露。跨国企业需要在关联交易中设置合理的转让定价，并按要求披露财务信息。

2. 数据隐私与网络安全的全球合规趋势

随着全球业务的数字化转型，企业需要处理大量用户数据和敏感信息。各国纷纷出台数据保护法规，以规范数据的收集、存储和使用。

例如，欧盟的《通用数据保护条例》（GDPR）对企业在数据处理上的透明度和用户同意机制提出了严格要求，并对违规行为实施高额罚款。我国也有类似的法规，即《个人信息保护法》。这表明我国也加强了个人数据保护，要求企业严格遵守数据跨境传输的规定。

因此，企业在不同国家开展业务时，必须在数据存储和传输过程中，确保符合各地的法律要求，以避免监管风险。

3.供应链合规：环境与劳工标准的提升

如今，全球消费者对企业的期望已不再局限于提供优质产品，他们更加关注企业在供应链中的社会责任和环保表现。这种关注度的提升，也促使各国政府纷纷出台相关立法和政策，要求企业在供应链管理上必须更加透明、更加负责任。

环保法规的收紧是其中的一大趋势。以欧盟为例，其推出的《绿色新政》就明确要求企业必须减少碳排放，并在整个供应链中严格遵守环保标准。这意味着，企业不仅要在自身生产过程中注重环保，还要确保供应商和合作伙伴也同样符合环保要求。

与此同时，劳工标准的严格化也成为企业不可忽视的重要方面。各国政府正越来越注重企业在供应链中的劳工权益保护，坚决打击强迫劳动和剥削行为。这一点在服装行业尤为明显，不少品牌曾因供应链中的劳工问题而陷入危机，品牌形象和市场份额都受到了严重影响。

面对这些挑战，企业必须在采购、生产和物流等各个环节中引入严格的合规审查机制。这样不仅能确保供应链的透明度和可持续性，更是对企业自身品牌和长远发展的有力保障。通过积极应对这些新趋势，企业不仅能在激烈的市场竞争中站稳脚跟，还能赢得更多消费者的信任和支持。

4.反垄断的国际化推进

在全球范围内，政府和监管机构正以前所未有的力度推进反垄断的合规管理，旨在维护市场竞争的公平与正义。

在反垄断方面，企业在进行并购或市场扩张时，必须谨慎通过各国的反垄断审查关卡。这是为了防止市场出现垄断行为，确保每个企业都能在公平的竞争环境中茁壮成长。

同时，各国对商业合规的国际化要求日益严格。以企业社会责任和环境保护为例，它们对企业在全球市场的运营提出了更高的标准。企业必须积极履行社会责任，推动可持续发展，从战略层面融入合规管理，以避免潜在的声誉风险和法律后果。

以特斯拉为例，这家新能源汽车领域的佼佼者因其对环保的承诺和实际行动，赢得了全球消费者的广泛认可。这不仅提升了品牌价值，还为企业创造了长期发展的有利条件。这足以启示所有企业，无论在国内还是海外，反垄断和商业合规的管理都是企业稳健发展的核心，必须高度重视。

5.**本地化运营与文化差异的合规管理**

在全球市场的广阔舞台上，企业正面临着前所未有的合规管理挑战。不同国家和地区独特的文化背景与法律环境，要求企业必须具备高度的适应性和敏感性。

首要挑战在于如何跨越法律与文化的鸿沟。企业不仅要深入了解并尊重各国的法律规范，更要悉心体察当地的文化习惯。

同时，本地化团队的建设也显得尤为关键。在海外扩展的征途中，企业应着力打造一支深谙当地法规与市场需求的合规团队。这样的团队不仅能迅速响应法规变化，还能精准把握市场脉搏，为企业的全球化战略提供坚实的合规支撑。

通过不断提升跨文化管理能力，企业将能在全球市场的复杂环境中游刃有余，更加顺畅地推进业务发展。这不仅是企业合规管理的核心要义，更是其实现全球化愿景、赢得国际尊重的必由之路。

第九章 企业合规的新机遇与挑战

第二节 技术创新对合规管理的推动与变革

随着 AI 和大数据技术的快速发展，不少企业开始将创新技术引入合规管理流程。例如，PingPong 支付——一家新兴的跨境支付平台，凭借智能风控系统和自动化合规审查，迅速成为行业中的佼佼者。PingPong 使用机器学习模型对交易数据进行实时分析，能够及时识别和拦截可疑的交易行为。

然而，即便如此，该平台也面临合规方面的挑战。在部分国家和地区，由于法律法规尚未适应技术的发展，PingPong 需要不断调整其算法和系统，以应对监管政策的变动。这一案例展示了技术创新在提升合规管理效率方面的巨大潜力，同时也反映了企业在创新与合规之间的微妙平衡。

技术创新正在推动合规管理从传统的人工模式向自动化、智能化转型。企业通过大数据、AI、区块链等技术，不仅提高了合规管理的效率和精准度，还增强了风险预测和动态应对能力。然而，技术的应用也伴随着新的挑战。例如，如何在合规算法设计中避免偏见，以及如何确保技术应用本身的合规性，如图 9-2 所示。

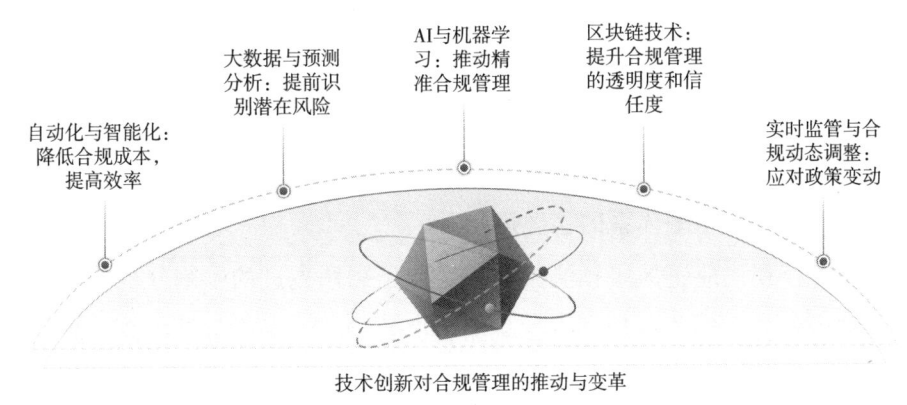

图 9-2 技术创新对合规管理的推动与变革

1.自动化与智能化：降低合规成本，提高效率

合规管理，这一企业运营中的重要环节，往往被大量重复性事务所困扰，如烦琐的文件审核、报告生成及数据核对等。然而，随着自动化技术的迅猛发展，这一现状正迎来颠覆性的改变。

想象一下，通过集成先进的自动化审计系统，企业能够实时分析财务报表与交易数据，不仅大幅提升了分析效率，更在源头上减少了人为错误的发生。这意味着，合规管理将变得更加精准、可靠。

再来看RPA（机器人流程自动化）的神奇之处。在税务申报、反洗钱监控等关键领域，RPA能够轻松实现流程自动化，将原本耗时费力的手工操作化繁为简。这不仅大幅降低了合规运营的时间成本，更让企业的合规管理变得更加高效、更加灵活。

自动化与智能化的融合，不仅为合规管理带来了前所未有的变革，更为企业创造了巨大的价值。它不仅提升了合规操作的精度与效率，更为企业节省了大量宝贵的人力和财务成本。这样一来，企业就能将更多的资源投入到核心业务领域，为企业的长远发展注入更强的动力。

2.大数据与预测分析：提前识别潜在风险

在大数据技术的强大支撑下，企业正逐步解锁从海量数据中挖掘宝贵信息的能力，这一转变对于提前识别合规风险具有里程碑式的意义。

以反洗钱监控为例，金融机构借助大数据分析的威力，能够在纷繁复杂的交易记录中精准捕捉异常行为，从而在第一时间采取措施，有效防范洗钱风险，确保金融体系的稳健运行。

同样，在供应链风险预测方面，企业正利用先进的预测分析模型，对供应链中的各个环节进行全方位、深层次的监控。无论是供应商的环保违规，还是劳工违规风险，都能在这些模型的"火眼金睛"下无所遁形。这使得企业能够提前布局，有效应对，避免潜在风险对业务造成不可估量的

损失。

大数据技术的广泛应用,正引领合规管理从传统的事后监管向更为前瞻的事前预防转型。这一转变不仅提升了企业应对风险的能力,更赋予了企业在复杂多变的市场环境中更加主动、稳健的发展态势。

3. AI与机器学习：推动精准合规管理

AI的崛起,为合规管理带来了前所未有的革命性变革。凭借其不断自我学习和优化算法的强大能力,AI正大幅提升合规管理的准确性与灵活性,引领企业迈向更加精准、高效的合规之路。

想象一下,智能合规审查的场景：AI系统如同一位不知疲倦的合规专家,能够自动审核合同、条款中的每一个细节,精准识别出潜在的法律风险或不合规内容。这不仅极大地提高了审查效率,更确保了审查结果的准确性与可靠性。

再来看个性化合规培训的魔力：AI能够根据员工的岗位职责与历史行为,为其量身定制一套专属的合规培训课程。这种个性化的培训方式,不仅让员工更加容易接受和理解合规知识,更在无形中提升了培训效果,为企业的合规管理筑起一道坚实的防线。

借助AI的自学习能力,企业得以从容应对复杂多变的法规环境。无论是新法规的出台,还是现有法规的更新,AI都能迅速适应并调整合规策略,确保企业的合规管理始终保持在行业前列。

AI与机器学习的结合,正开启合规管理的新纪元。在这个充满挑战与机遇的时代,企业将借助AI的力量,实现合规管理的精准化、智能化,为企业的稳健发展奠定坚实的基础。

4. 区块链技术：提升合规管理的透明度和信任度

在金融与供应链等关键领域,区块链技术正以其分布式账本和防篡改的核心特性,为合规管理带来一场根本性的革新。

通过区块链平台，智能合约的引入实现了合同条款的自动化执行与全程透明追溯。企业与合作伙伴之间的每一项约定，都能在区块链的见证下得到精准履行，任何细节都无所遁形，合规管理的透明度由此跃升新高度。

而在数据审计与认证环节，区块链技术同样大放异彩。它将审计记录和认证信息牢牢锁定在链上，确保数据的原始性与完整性，为合规审查构筑了一道坚不可摧的信任屏障。这不仅极大地降低了审查过程中的摩擦成本，更显著提升了审查的准确性和效率。

更为重要的是，区块链技术的广泛应用，正在逐步重塑企业与监管机构之间的信任关系。这种信任，并非空穴来风，而是建立在区块链技术所提供的可靠数据基石之上，为企业的合规管理注入了前所未有的信心与动力。

5. 实时监管与合规动态调整：应对政策变动

在全球市场中，企业经常需要面对监管政策的不断变化。为了更好地适应这种环境，实时监管技术成了企业的得力助手。

通过接入法规监控平台，企业能够及时获取各国最新的法律法规变动信息。这样，企业就能迅速进行内部调整，确保自身业务始终与法规要求保持同步。

同时，灵活的合规管理平台也为企业带来了极大的便利。借助模块化的数字合规系统，企业可以根据不同市场的监管需求，快速调整合规流程。这种动态调整能力，使得企业能够在复杂多变的市场环境中始终保持合规性。

实时监管与动态合规调整相结合，能够帮助企业在快速变化的市场环境中灵活应对政策变动，确保企业稳健发展，避免因政策滞后而带来的风险。

第九章 企业合规的新机遇与挑战

> **案例链接**

技术创新对合规管理的推动：
以W汽车应用区块链技术为例

W汽车是一家新兴的智能电动汽车制造商，致力于通过技术创新引领汽车行业的发展。随着业务的不断扩展，W汽车面临着日益复杂的供应链管理挑战。传统供应链因为涉及部门繁多，从而比以往更加复杂、动态和充满不确定性，这给合规管理带来了极大的压力。为了确保供应链的透明度和合规性，W汽车决定引入区块链技术。

1. 提升供应链透明度

根据权威机构发布的研究报告显示，区块链技术能够有效解决供应链中的可追溯性和交易不可逆性问题，从而提高供应链的透明度。W汽车通过应用区块链技术，实现了供应链上下游企业的交易信息自动记录及货款的自动转移。这一技术使得产品信息能够高效、准确地存储与溯源，从而大大提升了供应链的透明度。

具体来说，W汽车将区块链技术应用于其供应链管理中，实现了从原材料采购、零部件生产、整车制造到销售服务的全链条信息追溯。每一环节的信息都被记录在区块链上，无法被篡改或删除，从而确保了信息的真实性和完整性。这种透明度不仅有助于W汽车及时了解和掌握供应链的运行状态，还为其提供了应对潜在合规风险的有力工具。

2. 加强合规管理

在合规管理方面，W汽车通过区块链技术实现了对供应链各环节的实时监控和合规审核。区块链技术的引入使得W汽车能够在业务开展的每一个环节中进行实时监控和分析,确保所有操作都符合合规要求。这种全流程的智能化合规管理模式,不仅大幅提升了 W 汽车的合规效率,还有效减少了传统合规管理中的漏洞和风险。

例如,在原材料采购环节,W 汽车通过区块链技术对供应商的资质、信誉和合规记录进行全面审查,确保所采购的原材料符合相关法规和标准。在零部件生产环节,W 汽车利用区块链技术对生产过程进行实时监控,确保生产过程中的质量控制和环保措施得到有效执行。在整车制造和销售服务环节,W 汽车通过区块链技术记录每一辆车的生产信息、销售记录和维修记录,为消费者提供全方位的售后服务保障。

3. 推动创新与变革

区块链技术的引入不仅提升了 W 汽车的供应链透明度和合规管理水平,还为其带来了创新和变革的机遇。通过区块链技术,W 汽车能够与供应商、经销商和消费者建立更加紧密和信任的关系,实现信息的共享和协同作业。这种协同作业模式有助于 W 汽车快速响应市场变化,提升产品和服务的质量与竞争力。

此外,区块链技术还为 W 汽车提供了强大的数据支持和分析能力。通过对供应链各环节的数据进行实时采集和分析,W 汽车能够深入了解市场需求和消费者行为,为其产品研发、市场营销和战略规划提供有力支持。这些数据的积累和分析也为 W 汽车在未来实现智能化制造和个性化服务奠定了坚实基础。

4. 成效与影响

自引入区块链技术以来,W 汽车在供应链透明度和合规管理方面取得了显著成效。根据 W 汽车内部数据显示,其供应链的透

第九章 企业合规的新机遇与挑战

> 明度提升了约40%，合规风险降低了近30%。同时，W汽车与供应商、经销商和消费者之间的关系也更加紧密和信任，为其业务的持续发展奠定了坚实基础。
>
> 区块链技术的应用还促进了W汽车内部管理的优化和升级。通过区块链技术实现的信息共享和协同作业，W汽车能够更加高效地管理其供应链和业务流程，提升整体运营效率和竞争力。此外，区块链技术还为W汽车提供了强大的数据支持和分析能力，有助于其深入了解市场需求和消费者行为，为未来的创新和发展提供有力支持。

第三节　可持续发展目标下的合规新责任

近年来，国内环保企业万绿科技在推动自身业务发展的同时，致力于环保合规实践。该公司聚焦于固体废物处理和再生资源利用，并公开承诺践行可持续发展目标，如减少碳排放和实现资源再循环。然而，在扩展业务的过程中，万绿科技也遇到了一系列合规挑战。尤其是面对各地日益严格的环保法规，公司需要不断投入技术和资金确保符合新标准。同时，一些供应商的违规行为给公司的合规体系带来了隐患。如何在追求商业成功的同时，持续推进环境合规和社会责任，成为万绿科技面临的一项长期课题。

随着联合国可持续发展目标在全球范围内的推广，企业不再仅关注利润，还需要承担更多的社会责任。合规管理已从传统的财务和法律要求扩展到环境、社会与治理领域。以下几个方面展示了企业在可持续发展目标下的合规新责任，以及如何通过创新管理实现长远发展，如图9-3所示。

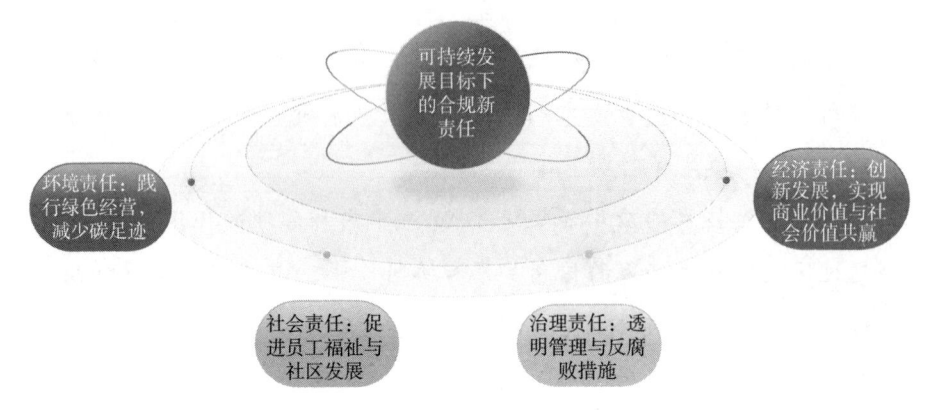

图9-3　可持续发展目标下的合规新责任

1. 环境责任：践行绿色经营，减少碳足迹

企业在运营过程中，必须积极采取行动，减轻对环境的负面影响，并拥抱清洁技术，以实现低碳、绿色的可持续发展。

首先，节能减排和碳中和应成为企业的坚定承诺。为此，企业需要设定科学的减排目标，并利用先进的能源管理系统，对能源使用进行严密监控与优化，确保每一分能源都能得到高效利用。

其次，构建绿色供应链同样至关重要。企业不仅要确保自身运营符合环保法规，更需要密切关注供应商的环保合规状况。通过加强监督，避免因供应链中的任何环保违规行为而给企业带来声誉风险。

积极践行环境责任，不仅能够帮助企业满足政策要求，更能在长远发展中降低能耗成本，并为企业开辟广阔的绿色市场，赢得更多消费者的信任与支持。

2. 社会责任：促进员工福祉与社区发展

企业在追求业务目标的同时，必须同样重视员工福祉与社区发展，这是履行社会责任的重要体现。

对于员工，合规的人力资源管理至关重要。这包括全面关注员工的健康、福利及职业发展,为员工创造一个和谐、积极的工作环境。只有这样,企业才能真正留住人才,激发团队的凝聚力与创造力。

同时,企业还应积极参与社区支持和慈善活动。通过资助有意义的公益项目,以及热情参与各类社区活动,企业不仅能够树立更加正面的品牌形象,还能赢得社会各界的广泛认可与尊重。

履行社会责任,不仅有助于提升员工的忠诚度与归属感,更能为企业与社区之间搭建起一座坚实的信任桥梁。这将为企业的长远发展奠定坚实的基础,实现企业与社会的共赢。

3.治理责任:透明管理与反腐败措施

在追求可持续发展的道路上,企业必须着力强化治理结构,不断提升管理透明度,并采取积极措施防范腐败行为。

首先,建立透明的合规体系至关重要。企业应通过公开的年度报告,全面披露合规情况及环境、社会和治理绩效。这样的透明度不仅有助于提升企业在资本市场的信任度,还能进一步增强投资者和利益相关者的信心。

其次,企业在反腐败和道德管理方面同样不能松懈。必须建立健全的反腐败制度,同时加强对员工的职业道德培训。通过这些举措,企业能够有效避免因内部贪腐行为而给自身发展带来的严重损害。

一个良好的治理结构,不仅能够显著增强企业的抗风险能力,还能在激烈的市场竞争中为企业赢得更多优势。因此,企业必须高度重视治理责任,以透明的管理和坚定的反腐败措施,为企业的长远发展保驾护航。

4.经济责任:创新发展,实现商业价值与社会价值共赢

在可持续发展目标的引领下,企业应当积极探索创新的商业模式,力求在经济利益与社会价值之间找到完美的平衡点。

循环经济模式为企业提供了这样的契机。通过回收和再利用资源，企业能够实现资源的闭环管理。这一模式不仅有助于降低生产成本，还能显著减少对环境的影响，实现经济效益与环境效益的双赢。

同时，可持续金融也为企业带来了新的发展机遇。与绿色金融机构的紧密合作，使企业能够以更低的成本获得融资支持。此外，通过发行绿色债券，企业能够为可持续项目注入资金，进一步推动绿色发展和社会责任的落实。

在激烈的市场竞争中，创新的商业模式不仅为企业注入了源源不断的活力，更使企业能够更好地满足社会对可持续发展的殷切期望。因此，企业必须紧抓这一历史机遇，以创新驱动发展，共同铸就商业与社会双重价值的辉煌篇章。

第四节　企业家精神与合规文化的深度融合

A饮料作为国内新兴饮料品牌，以"无糖茶"和"气泡水"迅速崛起。然而，在高速扩张过程中，公司因产品标签的"无糖"宣传问题被监管部门点名。市场监督管理部门发现，部分产品虽然标注"无糖"，但实际成分中含有少量糖醇，这在行业法规中存在争议。A饮料随即进行品牌自查，并调整了标签内容，重新定义了无糖产品的宣传口径。这一事件提醒企业，即便创新驱动是发展动力，但在推动创新的同时，合规文化必须紧跟步伐，确保每一步都合法合规。

这个案例展示了企业家精神与合规文化之间的张力：一方面企业家需要勇于创新和冒险，另一方面合规管理则要求谨慎、严谨和透明。如何在这两者之间找到平衡，是企业持续成功的关键。

企业家精神代表着创新、冒险和突破常规的勇气，而合规文化则强调守法、规范和透明。在市场竞争激烈且监管环境日益复杂的背景下，两者的融合将决定企业的长远发展和市场地位。以下几个方面详细探讨了如何将企业家精神与合规文化深度融合，如图9-4所示。

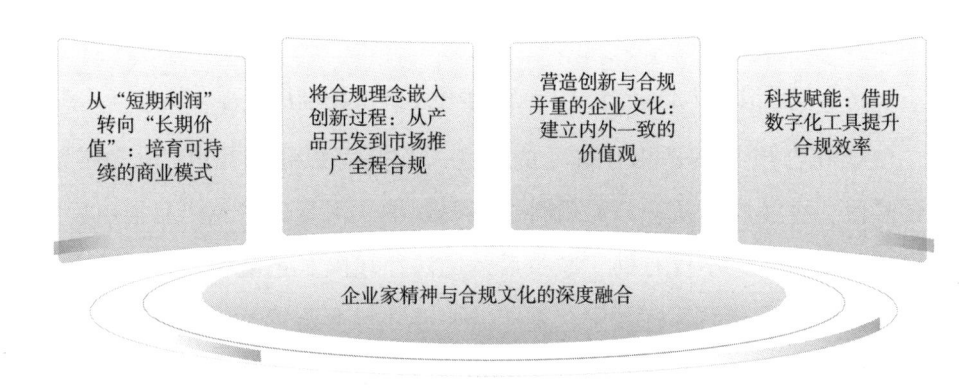

图9-4　企业家精神与合规文化的深度融合

1. 从"短期利润"转向"长期价值"：培育可持续的商业模式

企业家精神常常激发企业追求高速增长与丰厚利润。然而，为了确保企业的长远发展，将合规纳入战略核心显得尤为重要。

首先，企业需要树立可持续的发展目标。在制定长期发展规划时，必须充分考虑合规要求，确保企业发展既快速又稳健，符合法律法规的框架。

同时，平衡创新与风险也至关重要。创新无疑为企业带来了无限机遇，但与之相伴的风险同样不容忽视。因此，企业应构建完善的内部机制，在积极推动创新的同时，同步评估潜在的法规风险，确保每一步都行走在安全的轨道上。

此外，建立弹性的管理模式也是关键所在。面对瞬息万变的市场环境，合规管理应具备高度的适应性，既要确保合规底线不动摇，又要充分释放企业家精神的活力，为企业注入源源不断的创新动力。

A饮料的实践经验告诉我们，及时纠正不当行为、坚守合规底线，不仅能够显著提升品牌信誉,更能在激烈的市场竞争中形成可持续的竞争力。因此,企业家精神与合规战略必须相辅相成,共同助力企业实现长远发展的宏伟目标。

2. 将合规理念嵌入创新过程:从产品开发到市场推广全程合规

创新和合规并不是相互排斥的概念,而是可以相辅相成的。在产品设计阶段,企业应该从一开始就将合规要素纳入考量,避免产品推出后因不合规而受阻。这不仅有助于减少后续的法律风险,还能增强企业的市场竞争力。在营销与品牌宣传中,企业需要遵守行业监管条例,避免夸大宣传,确保信息的真实性和透明度。此外,通过跨部门协作,让合规、研发和市场团队紧密合作,可以在创新的每个环节都确保符合法规要求,从而提升整体效率和创新能力。

3. 营造创新与合规并重的企业文化:建立内外一致的价值观

良好的文化氛围是促进合规与创新和谐共存的基础。当合规文化与创新文化能够互相支持时,公司才能充满活力地发展下去。企业领导者应以身作则,在言行上倡导合规,同时鼓励员工积极创新。通过培训和内部激励机制,让员工理解合规的重要性,并鼓励他们提出创新的合规方案。建立开放的沟通平台,让员工能够及时反馈潜在的合规风险,并提出改进建议,这样可以形成一个透明、高效的工作环境,使企业在快速变化的市场中保持竞争力。

4. 科技赋能:借助数字化工具提升合规效率

科技进步为企业在合规管理中提供了新的工具和解决方案。利用大数据技术,企业可以实时监控业务运营,识别潜在的合规风险,从而作出更明智的决策。自动化系统能够处理重复性合规工作,提高管理效率,减少人为失误。在数字化转型过程中,合规部门与业务部门需要紧密协作,实现智能化管理。这样不仅可以提高合规效率，还能促进创新，使企业在激烈的市场竞争中立于不败之地。

> **案例链接**
>
> **LX 企业的合规管理实践**
>
> 在现代商业竞争中，企业要实现长期可持续发展，必须在创新与合规之间找到平衡。LX 企业作为中国电子制造行业的领军企业，成功通过创始人的战略引导，将企业家精神与合规文化深度融合，在快速扩张的过程中树立了合规管理的标杆。
>
> 1. 创始人引领下的合规文化建设
>
> LX 企业的创始人王女士，对制造业的供应链管理和全球市场规则有深刻认识。在公司创立初期，她就提出了"合规是红线，创新是动力"的理念。随着企业规模不断扩大，王女士将合规管理视为公司治理的核心支柱之一，强调合规不仅是对法规的遵循，更是一种企业文化的内在价值观。这一理念贯穿于企业的战略规划与日常运营中，为公司的合规文化奠定了坚实基础。
>
> 2. 高速扩展中的合规挑战与应对
>
> LX 企业近年来业务飞速发展，不仅成为某某公司的重要供应商，还在全球范围内布局工厂和市场。高速扩展过程中，企业面临着多重合规挑战，包括复杂的国际贸易法规、环保要求及劳工标准的严格化。在这种背景下，公司建立了一套多层次的合规管理体系，将合规贯穿于产品设计、采购、生产和销售的全链条之中。
>
> 为了确保合规文化深入人心，王女士主导了一系列内部改革。在组织架构上，LX 企业专门设立了合规管理部门，并将其直接置于公司高层领导的监督之下。此外，公司定期开展合规培训，确保员工对最新的行业法规和公司内部规章有全面了解。通

过这种自上而下的管理模式，LX企业实现了高效的合规执行，将法律风险控制在最低水平。

3. 合规与创新的平衡：从理念到行动

LX企业的成功之处在于，它不仅关注合规管理，更致力于将合规与创新紧密结合。在企业的研发环节，公司将环保和可持续发展要求纳入产品开发流程。例如，在生产过程中，公司引入绿色制造技术，以满足国际环保标准；在供应链管理中，优先选择符合道德采购标准的合作伙伴，减少环境和社会风险。同时，公司还积极参与行业标准的制定，以合规创新推动整个行业的进步。

这种合规与创新的融合使LX企业在市场竞争中占据了有利位置。与其他企业相比，它不仅赢得了客户的信任，还因出色的合规表现获得了各地政府的政策支持和行业认证。这为企业在全球市场中的进一步扩展提供了强有力的保障。

4. 合规管理的启示：从标杆企业看未来趋势

LX企业的案例表明，企业家精神与合规文化并非对立，而是相辅相成的。通过创始人的战略引领，公司在高速发展中始终保持合规管理的高标准，为其他企业树立了良好的榜样。这一实践告诉我们，合规不应只是企业被动应对外部法规的手段，而是企业管理和文化的重要组成部分。

在未来，随着全球市场规则的不断演变和消费者对企业社会责任的关注提升，合规文化将在企业经营中扮演更为重要的角色。企业若想在激烈的竞争中脱颖而出，不仅需要创新的动力，还必须将合规管理融入企业战略和文化之中。LX企业的成功表明，合规不仅不会阻碍企业的发展，反而可以成为助力企业创新和可持续增长的重要力量。